L'empreinte collective de la société civile du Nord-Kivu dans le processus de la réforme foncière en RDC

Logiques Juridiques

Fondée par Gérard Marcou

Dirigée par Jean-Claude Némery et Thomas Perroud

Le droit n'est pas seulement un savoir, il est d'abord un ensemble de rapports et pratiques que l'on rencontre dans presque toutes les formes de sociétés. C'est pourquoi il a toujours donné lieu à la fois à une littérature de juristes professionnels, produisant le savoir juridique, et à une littérature sur le droit, produite par des philosophes, des sociologues ou des économistes notamment.

Parce que le domaine du droit s'étend sans cesse et rend de plus en plus souvent nécessaire le recours au savoir juridique spécialisé, même dans des matières où il n'avait jadis qu'une importance secondaire, les ouvrages juridiques à caractère professionnel ou pédagogique dominent l'édition, et ils tendent à réduire la recherche en droit à sa seule dimension positive. À l'inverse de cette tendance, la collection « Logiques juridiques » des éditions L'Harmattan est ouverte à toutes les approches du droit. Tout en publiant aussi des ouvrages à vocation professionnelle ou pédagogique, elle se fixe avant tout pour but de contribuer à la publication et à la diffusion des recherches en droit, ainsi qu'au dialogue scientifique sur le droit. Comme son nom l'indique, elle se veut plurielle.

Dernières parutions

Michel Giroux, El Houssain Abouchi, Abdelmalek El Ouazzani, *Le rôle du juge constitutionnel dans la consolidation de l'État de droit*, 2025

Adolphe Kumba Shindano, Introduction au droit congolais de la santé, 2025

Maxence Smaniotto, Multipolarité impériale, Le crépuscule de l'État-nation et le retour des Empires, 2025

Bernard Martin, Patrick Chaumette, Droit social des gens de mer, 2025

de Marcelle Bongrain, Grands-parents, quels droits ? 2025

Hugo Winckler, Le droit au service des victimes de dérives sectaires, 2025

Clément Benelbaz, Les doctrines du corporatisme : Vichy et les Républiques, 2025

Olivier Bahemuke Ndoole

L'empreinte collective de la société civile du Nord-Kivu dans le processus de la réforme foncière en RDC

Préface du Professeur Ordinaire
Séverin Mugangu Matabaro

L'Harmattan

Du même auteur

Me Olivier Ndoole publie « *Aide-mémoire à l'usage du praticien du droit pénal vert en matière de faune et flore en RDC* » éditions Harmattan, Paris, 2023

Olivier Bahemuke Ndoole : *Défenseurs des droits fonciers et environnementaux et insécurité dans le paysage Virunga au Nord Kivu en RD Congo, Nécessité d'écoute et de protection*, Editions Harmattan, paris 2024

Olivier Bahemuke Ndoole : *Le Parc national des Virunga à l'épreuve des réalités locales*, Editions Jets D'encres, Paris, 2025

5-7, rue de l'École-Polytechnique ; 75005 Paris

www.editions-harmattan.fr

ISBN : 978-2-336-52852-6
EAN : 9782336528526

DEDICACE

A toute la communauté des défenseurs des droits fonciers et environnementaux.

A tous les bailleurs des fonds du secteur de la gouvernance foncière au Nord-Kivu.

A tous les membres de la plateforme du Consortium africain de conseil et d'organisation (CACO) et de la Coordination foncière Nord-Kivu.

Aux Chefs coutumiers et leaders pro gouvernance foncière, pro pauvre et pour le climat ;

A la Commission nationale de la réforme foncière de la République démocratique du Congo (CONAREF/RDC).

Aux Avocats verts, collaborateurs et amis de l'Alerte congolaise pour l'environnement et les droits de l'homme (ACEDH).

REMERCIEMENTS

Cher professeur Séverin Mugangu Matabaro, ce nom Mugangu n'est plus votre ni exclusif à votre famille, c'est un nom du domaine foncier, une approche foncière intégrée, votre apport et engagement ferme à parrainer cet ouvrage et le préfacer est une marque importante de notre collaboration dans le processus d'appui en faveur des réformes juridiques et institutionnelles pour une gestion responsable, transparente, juste et durable du domaine foncier. Qu'il vous plaise de recevoir nos sincères remerciements. Nous avons eu les grandes orientations et attachement aux études foncières grâce à la Collaboration de cet acteur clé dans le domaine foncier Congolais. Il est aussi important d'adresser un message de remerciement à toute l'équipe de la Commission Nationale de la réforme foncière CONAREF, spécialement à L'Honorable Maître Dieudonné Ngwasi, coordonnateur de la Commission Nationale de la Réforme Foncière. Celui-ci, qui n'avait jamais oublié les délégués du Nord Kivu et spécialement ma personne et notre organisation sur la liste des acteurs pour tous les travaux de la réforme foncière en RDC, cette participation nous a permis de bien comprendre le processus et d'écrire ces notes en lien avec l'apport de la société civile.

La production et la publication de ce livre ont bénéficié des apports et soutiens techniques et scientifiques des confrères et collègues. En outre, la participation de l'ACEDH au processus de la réforme foncière en RDC comme au niveau provincial possible grâce à l'appui des partenaires techniques et fonciers qui la soutiennent.

Par conséquent, nous exprimons notre gratitude à l'égard de l'Union international pour la conservation de la nature (UICN/Pays-Bas) et la Hollande pour leur appui technique et financier au programme *Green Livelihoods Alliance* (GLA) ayant facilité les actions de plaidoyer et de lobbying pour le suivi de la réforme foncière.

Dans la même optique, nous remercions l'Environnemental *Law Alliance Worldwide* (ELAW) qui a appuyé nos activités d'échange d'expériences sur les questions de gouvernance des régimes fonciers applicables aux terres, pêches, eaux et forêts dans une vision sensible aux urgences climatiques.

Notre gratitude s'adresse également aux organisations membres de la plateforme CACO qui ont fourni divers documents ayant servi à l'élaboration du présent ouvrage.

Que tous les Avocats verts et collègues de l'ACEDH trouvent ici notre profonde reconnaissance aux collaborateurs et confrères, notamment : Eric Kihatirya, Jovial Bakulu, Jean Claude Bashangwa, Bruno Wasakundi, Martin Balisi, Nicole Sangara et Justin Lumoo Paluku. Les trois premiers ont lu et corrigé le manuscrit du présent ouvrage tandis que les autres ont activement participé aux activités de l'ACEDH relatives au processus de la réforme foncière. Grâce à leur engagement, la société civile et la communauté locale produisent divers documents se rapportant au droit foncier.

Nous adressons aussi toute notre reconnaissance au Professeur Magistrat BALINGENE KAHOMBO, qui a corrigé, critiqué le manuscrit brut du présent livre, son travail a été d'une grande importance capitale dans cette publication.

SIGLES ET ABREVIATIONS

- **AAP :** Aide et Action pour la Paix
- **AFDL :** Alliance des Forces Démocratiques pour la Libération
- AGRIPEL : Agriculture Pêche, Elevage
- **ACEDH :** Alerte congolaise pour l'Environnement et les Droits de l'Homme
- **ANR :** Agence Nationale de Renseignements
- **ASP :** Action Solidaire pour la Paix
- **ADF :** *Allied Democratic Forces* (Forces démocratiques alliées)
- **APCLS** : Alliance des patriotiques pour un Congo libre et souverain
- **ANAPAC :** Alliance nationale d'appui et de promotion des aires du patrimoine autochtone et communautaire
- **ALE :** Agence locale d'exécution
- **AJWS :** American Jewish World Service (Service mondial des juifs américains)
- **BDD:** Behaviour-Driven Development (….?)
- **BDGL :** Banque de développement des Pays des Grands Lacs ;
- **CEPED :** Centre d'étude pour la protection de l'environnement et le développement
- **CNDP :** Congrès national pour la défense du peuple
- **CLIP :** Consentement libre, préalable et informé
- **CEPGL :** Communauté économique des Pays des Grands Lacs

- **CIRGL :** Conférence internationale sur la Région des Grands Lacs
- **CNDP :** Congrès national pour la Défense du Peuple,
- **CODELT** : Conseil pour la défense environnementale par la légalité et la traçabilité
- **CB10 :** Plate-forme des organisations travaillant sur la question des défenseurs des droits fonciers et de l'environnement
- **CONAPAC :** Confédération nationale des producteurs agricoles du Congo
- **CAE :** Communauté de l'Afrique de l'Est
- **CACO** : Consortium africain de conseil et d'organisation
- **CONAREF :** Commission nationale de la réforme foncière
- **CAFI** : *Central African Forest Initiative* (Initiative pour les forêts de l'Afrique centrale)
- **CP :** Coordination Provinciale
- **CODELT** : Conseil pour la défense environnementale par la légalité et la traçabilité
- **CRONG** : (Conseil Régional des Organisations Non Gouvernementales)
- **CNKi** : Comité national du Kivu
- **CEJ :** Contrat d'Engagement Jeune
- **CDJ :** Comité de défense des juifs
- **CDJP :** Commission Diocésaine Justice Paix
- **CPJP** : Coopération policière et judiciaire en matière pénale

- **DDC** : Direction du développement et de la coopération
- **DPFN :** Document de politique foncière nationale
- **DDRS :** Développement durable et responsabilité sociétale
- **DPFN :** Document de politique foncière nationale
- **EAC :** *East African Community* (Communauté de l'Afrique de l'Est
- **ELAW :** Environnemental Law Alliance Worldwide (Alliance mondiale de droit de l'environnement)
- **ETD :** Entité territoire décentralisation
- **EPER SUISSE** : Entraide Protestante Suisse
- **FDAPID :** Foyer de développement pour l'autopromotion des pygmées et indigènes défavorisés
- **FDLR** : Force démocratique pour la libération du Rwanda
- **FOPAC :** Forum des organisations paysannes en Afrique centrale
- **FDAPI** : *Fixed or Determinable Annual or Periodical Income* (Revenue périodique ou annuel fixé ou determinable)
- **FONAREDD** : Fonds national/ Réduction des émissions provenant du déboisement et de la dégradation des forêts
- **FAT :** Forum des amis de la terre
- **ISSSS:** International Security and Stabilization Support Strategy (….?)
- **IDPS :** *Internally Displaced Persons* (Personnes déplacées internes)

- **ISAU** : Institut supérieur d'Architecture et d'urbanisme
- **IBTP :** Instituts des Bâtiments et Travaux Publics
- **ILC :** International Land Coalition (…)
- **IUCN :** Union International pour la Conservation de la Nature
- **ICCN** : Institut congolais pour la conservation de la nature
- **GLA :** *Green Livelihoods Alliance* (Alliance pour les moyens d'existence verts)
- **GLTN:** *Global Land Tool Network*
- **KDF :** *Kenya Defense Forces* (Forces de défense du Kenya)
- **LOFEPACO :** Ligue des organisations des femmes paysannes au Congo
- **M23 :** Mouvement du 23 Mars
- **MARCs** : Mécanismes alternatifs de résolutions des confits
- **MONUC** : Mission de l'Organisation des Nations unies en République démocratique du Congo
- **MONUSCO :** Mission de l'Organisation des Nations unies pour la stabilisation en République démocratique Congo
- **M23 :** Mouvement du 23 Mars
- **NRC :** Consul norvégien pour les refugiés
- **ONGI** : Organisation non gouvernementale internationale
- **ONU :** Organisations de Nations unies
- **OSC :** Organisation de la société civile

- **OCPT** : Office Congolais Poste et Télécommunication
- **OSC :** Organisation de la société civile
- **ONG :** Organisation non gouvernementale
- **PTF :** Partenaires techniques et financiers
- **PIDP :** Programme d'intégration et de développement des peuples pygmées
- **PNUD :** Programme de Nations unies pour le développement
- **PNAT :** Parquet national antiterroriste
- **PA :** Peuples autochtones
- **PTF :** Partenaires techniques et financiers
- **PAP :** Peuples autochtones pygmées
- **PFN :** Planification familiale naturelle
- **PNAT :** Plan national d'aménagement du
- **PAJ :** Politique, administrative et juridique
- **RCREF :** Réseau pour la conservation des écosystèmes forestiers
- **REPALEF :** Réseau des populations autochtones et locales pour la gestion durable des écosystèmes forestiers
- **RCD /KML :** Rassemblement congolais pour la démocratie / Kisangani Mouvement de libération
- **RFN :** Rainforest Foundation Norway
- **REDD :** Réduction des émissions provenant du déboisement et de la dégradation des forêts
- **REJUSCO** : Programme de restauration de la justice à l'Est de la République démocratique du Congo

- **RFC :** Registre d'informations Foncière
- **RDC :** République démocratique du Congo
- **RRI :** Réseau de ressources sur l'innovation
- **SIF :** système d'informations Foncier
- **SYDIP :** Syndicat de défense des intérêts des paysans
- **TGI :** Tribunal de grande instance
- **TRD :** Termes de référence
- **UPDF :** *Uganda people Defense Forces* (Forces de defense du people ougandais)
- **ULPGL :** Université libre des Pays de Grands Lacs
- **UNHCR** : Haut-Commissariat des Nations unies pour les réfugiés
- **UCBC** : Université chrétienne bilingue du Congo
- **IUCN :** Union Internationale pour le Conservation de la nature
- **WWF :** *World Wildlife Fund* (Fonds mondial de la faune)

PREFACE

La République Démocratique du Congo (RDC) possède l'un des régimes fonciers les plus complexes en Afrique subsaharienne, un héritage de son histoire coloniale et des multiples réformes foncières qui ont suivi l'indépendance. Depuis l'époque coloniale, les politiques foncières ont favorisé l'appropriation des terres par l'État et les élites, marginalisant ainsi les communautés locales et leurs droits coutumiers. Cette situation a non seulement engendré des inégalités, mais également renforcé les tensions autour de la propriété et de l'utilisation des terres. Le pays est caractérisé par une coexistence souvent conflictuelle entre les systèmes de gestion foncière coutumiers, qui régissent l'accès et l'utilisation des terres dans les communautés locales, et le système foncier formel, imposé par l'État à travers des lois et des réglementations. Cette dualité a engendré de nombreux défis en matière de gouvernance foncière, notamment une insécurité foncière généralisée, des conflits fréquents sur les droits de propriété, et une marginalisation accrue des communautés rurales et autochtones. La gestion foncière en République Démocratique du Congo (RDC) est, par ailleurs, marquée par une instabilité chronique, où les conflits fonciers dégénèrent souvent en violences intercommunautaires dévastatrices. La transition vers des réformes foncières plus inclusives est lente et souvent entravée par des intérêts divergents entre les différents acteurs, ce qui souligne l'importance cruciale de la société civile dans ce processus. L'intervention des organisations de la société civile (OSC) est devenue essentielle dans un contexte où les autorités publiques peinent à répondre aux besoins des populations et leur assurer une gestion transparente et équitable des ressources foncières.

La complexité du régime foncier, associée à une gouvernance foncière souvent déficiente, engendre des tensions sociales et économiques considérables, affectant principalement les populations rurales et marginalisées. Dans ce contexte difficile, les organisations de la société civile ont progressivement pris une place centrale dans la sécurisation des droits fonciers des communautés locales, avec l'espoir de pallier les lacunes laissées par les institutions étatiques et d'améliorer la gestion des terres. La contribution de la société civile au processus de réforme foncière en RDC est perçue par Maître Olivier NDOOLE comme un levier potentiel pour une meilleure gouvernance foncière. Les organisations de la société civile (OSC), incluant des ONG locales et internationales, des associations communautaires, et des mouvements sociaux, se sont, en effet, engagées dans diverses activités visant à documenter les réalités foncières, à sécuriser et à défendre les droits fonciers des communautés locales, et à promouvoir des réformes foncières plus inclusives.

La société civile en RDC a progressivement pris conscience de l'importance de son rôle dans la gestion foncière, en particulier face aux insuffisances de l'État et à l'inefficacité des systèmes formels pour résoudre les conflits fonciers. L'importance du rôle de la société civile dans la gestion foncière en RDC se manifeste notamment à travers ses stratégies d'intervention variées. Celles-ci incluent des actions de plaidoyer pour des réformes foncières, des campagnes de sensibilisation sur les droits fonciers, et des initiatives de médiation pour résoudre les conflits. Les OSC ont également joué un rôle crucial dans la documentation des conflits fonciers, collectant des données et des preuves qui ont servi à appuyer les revendications des communautés devant les tribunaux ou dans les forums de négociation. En outre, la société civile a su établir des alliances stratégiques avec d'autres acteurs, tels que les agences des Nations Unies, les bailleurs de fonds internationaux, et les autorités locales, pour renforcer son impact et faire entendre la voix des populations marginalisées.

La contribution de la société civile au processus de réforme foncière en République Démocratique du Congo (RDC) est un aspect fondamental de la gouvernance foncière du pays, surtout dans un contexte. Cependant, le processus de réforme foncière a été jusqu'à présent dominé par les institutions étatiques et les acteurs internationaux, souvent au détriment des perspectives locales et des besoins des communautés les plus affectées. Néanmoins, la société civile en RDC a su s'impliquer activement dans le processus de réforme foncière. Sa contribution est multiple et se manifeste à travers diverses initiatives visant à documenter les réalités foncières sur le terrain, à porter la voix des communautés marginalisées, et à proposer des alternatives aux approches top-down souvent privilégiées par les institutions officielles.

En effet, par le biais de rapports, d'études de cas, d'enquêtes de terrain et les OSC ont documenté les pratiques de spoliation des terres, l'accaparement des terres par des entreprises minières ou agricoles, les violations des droits fonciers des populations autochtones et rurales. Les efforts de la société civile ont non seulement servi à sensibiliser le public et les décideurs aux injustices foncières, mais aussi ont alimenté les débats sur les réformes nécessaires pour une gestion plus équitable des terres en RDC. De plus, les OSC ont joué un rôle crucial dans la diffusion des résultats de la réforme foncière, en utilisant divers canaux tels que : les forums communautaires, les médias, les plateformes numériques pour atteindre un public plus large. En outre, la société civile en RDC a su établir des collaborations fructueuses avec des chercheurs, des universités, des institutions internationales pour renforcer la qualité et l'impact de la réforme foncière. Ces partenariats ont permis aux OSC de bénéficier d'un soutien technique et financier, tout en apportant des perspectives locales souvent absentes dans les recherches académiques traditionnelles.

Cependant, malgré ces contributions significatives, les OSC sont confrontées à des défis persistants, tels que le manque de ressources, les pressions politiques, et la marginalisation dans les processus décisionnels, qui limitent parfois leur capacité à influencer les politiques foncières de manière durable. Malgré leur engagement et leurs efforts, l'impact réel de la société civile sur le processus de réforme foncière reste insuffisamment documenté et évalué.

Les défis auxquels sont confrontées les OSC dans leur intervention en matière de gouvernance foncière sont nombreux. Le manque de ressources financières et humaines peut limiter leur capacité à mener des actions à grande échelle ou à long terme. Les obstacles politiques, tels que la résistance des autorités locales et nationales aux réformes, compliquent leurs efforts pour influencer les politiques et les pratiques foncières. De plus, les tensions entre les OSC et les institutions gouvernementales peuvent entraver la coopération nécessaire pour des réformes efficaces. L'efficacité des OSC dans la gestion foncière est également influencée par leur capacité à établir des alliances stratégiques avec d'autres acteurs, y compris les organisations internationales et les partenaires de développement. Un des défis majeurs est le manque de ressources financières et humaines.

Les OSC opérant en RDC souvent disposent, en effet, de budgets limités, ce qui restreint leur capacité à mener des initiatives à grande échelle. Les projets de grande envergure, comme la sensibilisation des communautés, la médiation des conflits fonciers, ou le plaidoyer pour des réformes législatives, nécessitent des financements substantiels et un personnel qualifié. En raison de ce manque de ressources, les OSC peuvent être contraintes de limiter leur portée d'action, leur durée d'engagement et la profondeur de leurs interventions, ce qui peut réduire leur impact global sur la gouvernance foncière. En parallèle, les obstacles politiques représentent un défi considérable. La résistance des autorités locales et nationales aux réformes foncières peut grandement compliquer les efforts des OSC pour influencer les politiques et les pratiques. Les intérêts politiques et économiques liés aux régimes fonciers, ainsi que le pouvoir des élites locales, peuvent créer des barrières significatives pour les OSC cherchant à promouvoir des changements.

La difficulté d'obtenir un soutien gouvernemental ou de naviguer à travers des processus bureaucratiques complexes peut limiter l'efficacité des interventions des OSC, malgré leur engagement et leur expertise. De plus, les tensions entre les OSC et les institutions gouvernementales peuvent entraver la coopération nécessaire pour mettre en œuvre des réformes efficaces. Ces tensions peuvent découler de divergences d'opinion sur les politiques foncières, de conflits d'intérêts, ou de méfiance mutuelle. Les OSC qui agissent souvent en tant que critiques du statu quo peuvent se retrouver en désaccord avec les autorités, c'est qui complique la collaboration. Cette situation peut entraîner une fragmentation des efforts de réforme, un manque de coordination entre les acteurs, et une difficulté à atteindre des résultats concrets.

Enfin, l'efficacité des OSC est également influencée par leur capacité à établir et à maintenir des alliances stratégiques avec d'autres acteurs y compris les organisations internationales, les partenaires de développement et les acteurs du secteur privé. Les alliances peuvent offrir un soutien technique, financier et politique crucial, mais la formation et le maintien de telles alliances nécessitent des compétences diplomatiques et de gestion. Les OSC doivent naviguer à travers un réseau complexe de partenaires, souvent avec des objectifs et des priorités variés pour maximiser leur impact. Les défis liés à la coordination, à la communication et à la gestion des partenariats peuvent également limiter l'efficacité globale des actions des OSC.

La problématique centrale de l'étude que propose Maître Olivier NDOOLE, est d'analyser de manière empirique l'empreinte collective de la société civile au processus de réforme foncière en RDC. L'étude a procédé à l'examen des stratégies adoptées par les OSC pour influencer le processus de la réforme foncière en cours, les alliances qu'elles ont formées avec d'autres acteurs (y compris les autorités locales, les partenaires internationaux, et les communautés), ainsi que les défis qui limitent leur impact. L'étude répond à la question de savoir dans quelle mesure la société civile contribue effectivement au processus de réforme foncière en RDC et à identifier les leviers pour renforcer son efficacité. Mieux, l'étude analyse comment les OSC influencent les décisions politiques et les réformes législatives en matière foncière. En dépit des efforts déployés, les OSC en RDC sont confrontées à des défis majeurs qui entravent leur capacité à influer sur la gouvernance foncière de manière significative. Les conflits d'intérêts, la corruption, et l'instabilité politique sont autant de facteurs qui compromettent l'efficacité des interventions de la société civile. De plus, le manque de coordination entre les différentes OSC et l'absence d'une stratégie commune affaiblissent leur impact collectif. Puisse l'œuvre de Maître Olivier NDOOLE, éveiller les activistes de la société civile pour une meilleure prise en compte des défis et une plus grande efficacité !

Fait à Bukavu, le 12 Août 2024

Professeur Ordinaire Séverin Mugangu Matabaro

BIOGRAPHIE

COORDONNEES

+243 999 036 894

meolivier.acedhrdc@gmail.com

www.acedhrdc.org

DRC, Nord-kivu, Goma-Ville

-EDUCATION-

Olivier Bahemuke Ndoole est diplômé de l'Université de Goma, Faculté de Droit Public. Auteur d'ouvrages et autres publications scientifiques, l'un des avocats émergents en contentieux stratégique en matière de protection climatique et sociale en RDC 20224. Il a suivi des cours à l'Université de l'Oregon aux États-Unis en 2020 et est Elaw Fellow en 2019 et membre du réseau international Elaw d'avocats environnementaux, ALLIED, LEAD INITIATIVE,.... travaillant avec des organisations internationales et des universités sur des questions foncières et environnementales.

BAHEMUKE NDOOLE Olivier

Né à Buabo,Masisi , Nord Kivu , 15 Août 1987, , Avocat d'intérêt public Congolais inscrit au Barreau du Nord Kivu, ville de Goma, Lauréat du prix Tulipe décerné par les Pays Bas en décembre 2024, Lauréat du prix mondial Global Citizen 2024 climat, reforestation, nature et defender defenders à New York aux USA, Mai 2023, Olivier a reçu le prix global Front Line Defenders à Dublin, en Irlande. En 2017, Face of conservation 2018 (le visage de la conservation Amsterdam par l'UICN Pays-Bas), membre du réseau mondial des avocats de l'environnement ELAW et cofondateur de l'organisation environnementale ACEDH.

Passionné de la nature, acteur ayant pris d'énormes risques pour ses combats en faveur de la nature, de la biodiversité et des questions foncières, Olivier Bahemuke Ndoole est un militant écologiste et des droits humains et avocat congolais qui vit et travaille dans la ville de Goma, province du Nord-Kivu,

République Démocratique du Congo. Avocat Vert agréé par le public, en tant que Directeur Exécutif de son organisation, Alerte Congolaise pour l'Environnement et les Droits de l'Homme (ACEDH), justice climatique, soutien juridique à la nature, œuvre pour une gouvernance transparente, responsable, équitable et durable des régimes fonciers des terres, des parcs nationaux, de la transition énergétique juste, des forêts et des lacs de la RDC, et pour la conservation de la nature en général. Chef du collectif de la défense des communautés d'anciens ouvriers, Un des Avocats assurant la défense de 36.000 paysans des plantations SICIA dans le Bloc SNKI dans le Rutshuru et Masisi, des anciens ouvriers victimes d'injustice foncière et injustice climatique, Olivier Ndoole est un Avocat qui a une vision d'une défense légale pro pauvre et pro environnement dans le contexte de la transition énergétique juste et sauvegarde sociale en RDC. Avocat d'intérêt Public, militant climatique et foncier, plusieurs fois persécuté, forcé en exile, empoisonné, torturé, ….. Pour les opinions et actions en faveur de la cause environnementale et les droits fonciers des pauvres par des puissants.

	Olivier est connu comme le "Green Lawyer" au Nord-Kivu pour sa défense du parc des Virunga, de ses travailleurs et de ses habitants. Les communautés qu'il a représentées sont confrontées à la dépossession économique et à l'exploitation de leurs terres et de leurs ressources. Olivier Bahemuke Ndoole se bat également pour des réformes juridiques et institutionnelles dans les domaines de l'énergie, de l'accès à la terre et à l'environnement, de l'aide juridique aux défenseurs de l'environnement et des droits fonciers locaux. Travaille avec plusieurs organisations et réseaux climatiques, conservation, biodiversité, terre, transition énergétique juste, accès à la justice également avec des universités sur les mêmes questions.

Introduction

L'humanité a été très ingrate de sorte que son comportement, ses attitudes, ses activités, ses ambitions démesurées d'exploitation, sa gestion injuste et opaque des ressources foncières provoquent aujourd'hui des conséquences fâcheuses sur le développement humain. Pourtant, Joseph Kabila, Président honoraire de la République démocratique du Congo (RDC), nous a enseigné la trilogie suivante :

1. Terre pour nous unir et non pour nous diviser ;

2. Terre pour nous enrichir et non pour nous appauvrir ;

3. Terre pour nous faire vivre et non nous faire tuer.[1] Telle est aussi la vision leitmotiv fondant le travail de la Commission nationale de la réforme foncière de la RDC (CONAREF/RDC). Il faut signaler qu'il y a eu aussi des préoccupations de plus en plus nouvelles qui ont vu le jour et qui peuvent imposer des choix sociaux, environnementaux et politiques à faire. Certaines préoccupations, ont été dictées par les questionnements sur la théorie de l'Acte Torrens qui renvoie à un système simple d'immatriculation des terres dans un contexte initial de colonisation où l'Etat considère à l'origine qu'il est propriétaire de l'ensemble des terres. Ce système ne garantit que les droits de propriétés immatriculées, alors que les communautés locales et les peuples autochtones veulent à tout prix disposer d'une maîtrise foncière comme garantie des droits.

La société civile du Nord-Kivu s'est investie au cours de cette réforme dans une démarche citoyenne visant à renforcer

---

[1] Professeur Séverin Mugangu, Bertin Mafine, Alain Huart : Document de programmation version 1, UNU HABITAT, MINIF, MINISTRERE DES AFFAIRES FONCIERES 2012, Page de garde, Document a été réalisé avec l'appui technique de UN Habitat/GLTN et la contribution de CODELT, de la FIG, et de personnes ressources nationales

à la fois la légitimité juridique et la légitimité sociale par la réadaptation des normes pour assurer les droits d'accès à la terre et la propriété sur le foncier. Il est question de garantir le développement durable, la sécurité alimentaire, la stabilité du logement, la réduction de la pauvreté et la création de l'emploi, bref les droits de l'homme et la justice climatique. Ces acteurs de la société civile et leur initiative ont mis en place des espaces communautaires, juridico anthropologiques visant à tester les valeurs socio anthropologiques, environnementales en provoquant des débats locaux autours du processus. Ce travail est allé vers même des expérimentations des pratiques à format des politiques et outils basés sur une approche « Foncier Intégré ».

Pour rappel, la mission de conduire le processus de la réforme foncière a été confiée à la CONAREF créée par le décret du n°13/016 du 31 mai 2013. Elle bénéficie du financement du *Central African Forest Initiative* (CAFI) à travers le Fonds national/ Réduction des émissions provenant du déboisement et de la dégradation des forêts (FONAREDD) et d'une assistance technique de l'ONU-Habitat qui a mis à sa disposition une équipe d'experts. La CONAREF est ouverte à toutes les parties prenantes du secteur foncier à travers ses différents organes, sous la Direction de Monsieur Dieudonné Ngwasi.

Notre responsabilité et notre conscience historique nous interpellent à prendre des décisions fortes et des options pouvant corriger les injustices du passé et les offenses commises contre notre planète. L'engagement de la société civile du Nord-Kivu en faveur des réformes juridiques et institutionnelles adaptées aux défis, erreurs et injustices commises est un exemple à saluer pour des sociétés justes, responsables, durables et capables de s'assumer devant son histoire et les citoyens. La nécessité de contribuer à la production des droits fonciers non titrés, mieux les droits fonciers coutumiers, un des enjeux pour les communautés locales et la société civile. Il s'agit d'une catégorie des droits favorisant la croissance économique et la stabilité de la classe majoritaire ainsi que les milieux ruraux. Ce sont des droits socles de développement et de la souveraineté alimentaire, légué aux communautés locales et aux peuples autochtones, des droits fonciers sûrs, stables et durables.

Cependant, l'ordonnance prévue à l'article 389 de la loi n°73-021 du 20 Juillet 1973 portant régime général des biens, régime foncier et immobilier et régime des sûretés, telle que modifiée et complétée à ce jour n'est encore adoptée. Pourtant, c'est ce texte juridique qui devrait réglementer le mode de gestion des terres coutumières. Il s'agit d'un vide juridique qui est à l'origine de la collusion entre deux systèmes fonciers en RDC : le système de droit écrit et le droit coutumier. Cette situation est de nature à favoriser une insécurité foncière contre les droits et propriétés des plus faibles au Nord-Kivu.

La réforme foncière initiée par le gouvernement congolais est le cadre par excellence pour apporter les clarifications nécessaires, en adéquation avec les nouvelles options constitutionnelles et législatives tracées dans les autres domaines à incidence sur le foncier. Le droit émergent, régissant l'accès à une concession forestière communautaire en droit forestier congolais crée des droits réels des communautés locales sur les espaces forestières, les produits de pêches et autres aspects connexes. Comme tel, c'est une évolution remarquable en termes de production des droits coutumiers sur le foncier. C'est aussi une révolution juridique apportant inébranlablement un sens coutumier aux droits fonciers en milieu rural.

1. Contexte de l'étude et enjeux

La société civile du Nord-Kivu a laissé son empreinte personnelle dans les différentes activités d'influence et d'accompagnement de la réforme foncière. Tels sont des cachets aux pas glorieux et victorieux, avec un passé et un présent élogieux en termes de mobilisation et d'expériences pilotes et bien d'autres pratiques innovantes. Cette empreinte foncière de la société civile du Nord-Kivu a laissé une marque spéciale avec des griffes ineffaçables dans le processus de la réforme foncière et aspects connexes en RDC. Les aspects innovants dans les outils de programmation, la prise en compte des aspects de sauvegarde sociale, justice climatique, transparence dans le circuit d'information foncière et gouvernance des régimes fonciers et aspects connexes. La Société civile du Nord Kivu a placé son action sur des points restés inscrits sur l'agenda foncier de la RDC.

Les questions et préoccupations sociales fondées sur le principe selon lequel « le sol et le sous-sol appartiennent à l'Etat » demeurent confuses et discutables car l'article 9 de la Constitution de la RDC énonce plutôt que l'Etat exerce une souveraineté permanente sur les ressources naturelles.

Deux tendances se dégagent autour de l'interprétation de cette disposition constitutionnelle.

La première soutient que l'expression « souveraineté » employée par le constituant renferme bien l'idée de la propriété et véhicule dès lors l'idée que l'Etat continue à détenir un droit de propriété exclusive sur les terres et les ressources naturelles.

La seconde tendance estime que, par cette disposition et celles des articles 34,[2] 56[3] et 57[4] de la même Constitution, le constituant a voulu ôter à l'Etat l'appropriation des terres et des ressources naturelles, conforter davantage les droits fonciers coutumiers, collectifs et individuels et ouvrir une porte à l'appropriation privative des terres, qui irait au-delà

[2] Enoncer l'article ici

[3] idem

[4] idem

du modèle concessionnaire actuel. En outre, l'Etat détient sur les terres un droit de propriété autant que les communautés locales détiennent le leur sur les terres coutumières.

L'ACEDH, une des organisations de la société civile travaillant sur les questions foncières, de gouvernance judiciaire, d'accès à l'énergie et de justice environnementale, Au regard de la valeur historique et politique ainsi que de la, sauvegarde sociale et environnementale considère que ce travail exceptionnel mérite d'être documenté et mis à la disposition du public et des scientifiques pour inspirer d'autres processus citoyens de participation à l'élaboration des politiques publiques.

Il est plus clair de dire que la question foncière au Nord-Kivu reste au centre de toute sorte d'antagonisme social. La mobilisation des aspects identitaires, les rapports du pouvoir, les questions de nationalité, les questions des inégalités et injustices économiques et juridiques provoquées par les conflits et la mauvaise gouvernance foncière n'ont fait qu'endeuiller le Nord-Kivu depuis des années.

Le foncier est également la source d'emploi pour des milliers des jeunes ; c'est la banque paysanne. Même les citadins et les enseignants n'apportent que leur argent dans les investissements fonciers. Le foncier, c'est la nourriture, le logement et l'habitat, le cimetière, le lieu où s'exerce le droit au loisir, la source des médicaments traditionnels, l'identité, la culture et le pouvoir. Bref, il constitue une question de vie ou de mort. On donne au foncier un caractère sacré poussant les gens à accepter même la mort à cause du foncier.

Des préoccupations négatives sur le plan politique, économique, social et culturel ainsi que la stabilité globale et la transformation des ressources naturelles en richesses ont notamment alerté tous les acteurs sociaux et politiques aux fins de réfléchir sur les causes profondes et les solutions possibles pouvant mettre fin aux défis. Les conflits identitaires, mouvements de population et la militarisation de la question foncière sont affirmées par ONU-Habitat dans les termes suivants : « En 1963, 1993, 1996, 1998, 2006, 2012, la zone autour de Kitshanga a connu des violences séculaires qui ont conduit des milliers de familles à se déplacer vers les milieux jugés sécurisés à l'étranger comme à l'intérieur du pays. Bien que certaines rebellions aient été concoctées à partir de l'extérieur, le contrôle de la terre a constitué l'un des leitmotivs des dernières rebellions ».[5] En fait, « d'une part, les affrontements ont opposé les Banyarwanda-Hutu et Tutsi immigrés 'allochtones' contre les Hunde, Nande, Tembo, Nyanga 'autochtones' sur la base des revendications foncières ». En outre, « d'autre part, les coalitions militaires soutenues par les pays voisins de la RDC (Rwanda, Ouganda et Burundi) ont endeuillé cette région pour notamment contrôler les ressources naturelles dont les sols sont riches en minerais et esplanades d'élevages de bovins »[6].

En particulier, sous l'empire de la rébellion du Rassemblement congolais pour la démocratie (RCD), soutenue par le Rwanda et l'Ouganda, plusieurs concessions connues comme faisant partie de l'ancien bloc CNKi (Comité National du Kivu) furent enregistrées au nom des dignitaires de la rébellion. Certaines entreprises agro-industrielles avaient été décimées par lcs guerres tandis que d'autres étaient tombées en faillite. Dans cet accaparement irrégulier des terres, des milliers de familles immigrées dans ces concessions furent chassées ; d'autres étaient contraints de constituer des camps des déplacés internes (IDPS), notamment à Kizimba. A partir de cet épisode, des milices et groupes armés se constituèrent dont le dernier fut le

---

[5] ONU HABIAT : **Note sur les conflits fonciers complexes dans la zone prioritaire autour de Kitshanga, 2018, programme ISSS, page 1**

[6] Professeur SEVERIN MUGANFU MATABARo : Présentation au Sujet de la Problématique Foncière en RDC, Atelier inter provincial de Bukavu , 2017, inedit

« BOHOZA », ce qui signifie, littéralement, « récupérer ce qui a été ravi dans la région de Kitshanga ».

D'autres facteurs d'ordre institutionnels, culturels et juridiques sont à la base de la complexité de la question foncière. Face à une loi plus ancienne que les questions émergentes, les impératifs démographiques, le développement des aspects technologiques et les impératifs sociaux économiques n'ont fait qu'aggraver les conflits fonciers qui se sont cristallisés autour de la terre et de l'identité. Des graves violations des droits de l'homme, la destruction de tissus socio- économiques, la destruction de l'environnement et de l'habitat figurent parmi les conséquences de cette situation que le présent livre permet de mieux appréhender.

2. **Importance référentielle et devoir de restitution historique**

L'ACEDH est active sur le processus de réformes juridiques et institutionnelles à incidence sur l'environnement et les moyens de subsistance des communautés locales. Elle a estimé qu'il est utile de produire une publication sur le rôle moteur des OSC dans les actions visant à influencer ce processus de la réforme foncière en RDC.

Cette publication vise à établir une base des connaissances à la lumière desquelles pourrait être évaluée l'efficacité des activités globales de la société civile du Nord-Kivu et ses effets sur le processus de la réforme foncière en RDC. Cette base des connaissances informatives permettra de saisir quelques problèmes constatés de la gouvernance foncière, les tendances lourdes, les initiatives de la société civile, les effets de ces initiatives et les efforts menés pour aboutir à une politique foncière cohérente avec les besoins de la base.

Il s'agit d'une publication qui dresse le bilan du travail de la société civile du Nord-Kivu et son engagement pour faire triompher un rêve national de voir un secteur foncier pacifié, facilitant la croissance économique, les liens sociaux, l'autosuffisance alimentaire, la conservation de la nature, la paix, la sécurité et la stabilité.

Dans son parcours, l'ACEDH pense que les problèmes fonciers majeurs au Nord-Kivu varient selon les territoires et les époques. Par ailleurs, les transactions sur les fonciers se transforment chaque jour et ont ainsi le potentiel de créer des nouvelles formes de conflits. Il s'agit par exemple de :

- ❖ La superposition des villes et communes aux entités coutumières ;
- ❖ La prolifération des pratiques foncières en marge de la loi, telles qu'observées dans les transactions du marché foncier ;
- ❖ L'accaparement des grandes étendues des terres par quelques personnalités puissantes, ce qui est à la base des inégalités foncières spécifiques ;
- ❖ L'inefficacité économique et sociale de la gouvernance foncière ;
- ❖ L'accaparement des terres qui traduit une utilisation de la terre comme arme de domination des riches politiciens contre les pauvres privés de l'accès à la terre (on n'est pas loin du retour au système féodal) ;
- ❖ La résistance de certains acteurs de l'accaparement contre les réformes ;
- ❖ Les conflits entre anciens ouvriers et grands concessionnaires[7] ;

---

[7] ACEDH : demande d'urgence d'une commission d'enquête sur les harcèlements judiciaires et policiers contre des défenseurs paysans des droits fonciers et de l'environnement membres du comité des anciens ouvriers des

- les conflits entre concessionnaires et petits exploitants agricoles ;
- sa superposition des titres et des droits[8] ;
- contradiction entre différents textes légaux et règlementaires en vigueur et à incidence sur les fonciers ;
- les conflits Parc des Virunga et certaines communautés locales ;
- Le prononcé des décisions judiciaires iniques conduisant à des évictions foncières massives ;
- les conflits entre éleveurs et agriculteurs ;
- les conflits identitaires et les violences d'origine foncière ;
- les contestations des limites administratives ;
- les conflits liés au mouvement des populations ;
- les pratiques illégales mais sociales observées dans les marchés fonciers,
- l'impact foncier des migrations économiques ;
- la corruption dans l'administration foncière et judiciaire ainsi que méconnaissance des lois par l'administration ;
- la problématique des déplacements internes et leur suite au plan foncier ;
- la prolifération des actes et titres non légalement reconnus pour prouver des droits fonciers ;

---

plantations SICIA Lubonga AXE Kitshanga : l'Etat Congolais est responsable à travers sa justice , note adressée au Ministre de la justice et garde des sceaux , 2 juillet 2022, in Radio Okapi

[8] ACEDH : rapport de l'atelier des acteurs de la société civile, agents de l'administration foncière

- l'absence d'une cohérence entre les questions foncières, pêches, agricoles et habitat ;
- les externalités négatives de la gouvernance foncière sur l'environnement ;
- la gestion archaïque et artisanale des archives foncières ;
- la superposition des villes et communes sur des droits fonciers agricoles, miniers et de pêches ;
- les problèmes structurels d'administration foncière ;
- les lotissements pirates sans aucune décision administrative préalable ;
- la mise du domaine clanique sur le marché ;
- l'exploitation forestière effrénée du Parc des Virunga et des territoires de Walikale et Beni ;
- l'absence des plans d'aménagements et d'occupation foncière ;
- la spoliation et la marchandisation des droits du domaine public de l'Etat sur fond de fausses décisions judiciaires et sans nulle désaffectation ;
- la spéculation et la thésaurisation des terres prouvées par une appropriation individualiste des grands espaces sans mise en valeur répondant aux destinations préalablement convenues ou déclarées et aux normes d'aménagement du territoire ;
- les intérêts fonciers concurrents entre les concessionnaires miniers, les exploitants artisanaux de forêts et des minerais, de la pêche et de l'énergie d'une part et, d'autre part, les communautés locales.

3. Intérêt de la publication

Le processus d'élaboration des politiques publiques relatives à la réforme foncière devrait servir de base référentielle dans toutes les planifications de programmation des politiques en RDC. Pour léguer aux communautés locales et peuples autochtones des droits fonciers sûrs, stables, durables, sécurisés et capables de répondre aux besoins alimentaires, à la croissance économique, à la justice climatique et à la sauvegarde des forêts, la société civile a pris la question en opportunité historique avant de poser des actions importantes qu'il convient de mettre en relief aux fins de servir de modèle à d'autres processus pour référentiel d'engagement.

En réalité, c'est un processus très participatif, inclusif et consultatif fondé sur les réflexions et études des cas pilotes à base communautaire. Le processus n'a jamais fait des livrables et les délais des projets financés par les bailleurs sa préoccupation, mais les valeurs, les principes et les grandes orientations citoyennes. C'est l'une de marques de ce processus. Toutes les idées majeures même des paysans ont été recensées pour inspirer le processus, les pratiques formelles et informelles documentées, bref l'équipe est sortie des considérations légales et des traductions juridiques anciennes pour amener le débat au niveau des citoyens. La publication porte sur les aspects de l'étape d'avant le début du processus, les travaux de consultation, la validation et l'adoption du document de politique foncière jusqu'au projet de loi déposé à l'Assemblée nationale.

Depuis le processus de la réforme foncière lancé en 2012, plusieurs études sectorielles adressant la question foncière sur la consolidation de la paix applicable au foncier ont été réalisées au cours de cette décennie et l'actualisation a été faite lors des présentations en atelier. La plupart de ces études ont été plus nationales et orientées sur le diagnostic de la gouvernance foncière et les revues du secteur, les acteurs fonciers et aussi les conflits fonciers. Il y a eu aussi les études de référence, les études démographiques, l'étude sur l'inventaire de systèmes fonciers locaux, l'étude sur les pratiques foncières, C'est le cas des études de référence initiées par le Réseau de ressources sur l'innovation (RRI) en 2014 et des revues du secteur foncier et de l'urbanisation en RDC coordonnées par la Banque mondiale en 2017. La même Banque mondiale avait quelques années auparavant commandé un diagnostic de la gouvernance foncière réalisée par le Conseil pour la défense environnementale par la légalité et la traçabilité (CODELT)[9]. En novembre 2017, la coopération suisse a réalisé une étude diagnostique de l'administration foncière au Sud-Kivu, étude riche d'enseignements susceptibles d'extrapolation dans l'ensemble des provinces de la RDC.

D'autres travaux en province du Nord -Kivu ont été conduits par plusieurs organisations de la société civiles. Tel est le cas de l'Université chrétienne bilingue du Congo (UCBC), en collaboration avec *Global Land Tool Network* (GLTN) et CONAREF, qui ont initié des études foncières en lien avec la gestion formelle et informelle des terres, la question du Parc national de Virunga (PNVi) et la gestion foncière. De son côté, le Forum des amis de la terre (FAT) a réalisé une étude sur la problématique foncière, les consultations et l'accompagnement des petits exploitants agricoles, la mobilisation et la formation des acteurs sur le foncier. L'organisation Aide et action pour la paix (AAP) a notamment fait des travaux sur la médiation des conflits fonciers, la sécurisation foncière, la mobilisation des communautés locales et des femmes sur le foncier, Le Programme intégré pour le développement du peuple pygmée (PIDP) et le *Fixed or Determinable Annual or Periodical Income* (FDAPID) ont aussi produit sur les activités en lien avec l'accès des peuples autochtones

---

Prof Severin MUGANGU MATABARO : Présentation de la note méthodologique sur la mise en place des groupes thématiques, kin 2017, Hôtel Beatrice, inédit

pygmées à la terre et leur autonomisation par l'accès aux droits fonciers locaux.

L'ACEDH a une approche foncière sensible à la conservation et à l'accès à la justice. A cet effet, elle a effectué des travaux de documentation et d'aide juridique en faveur des anciens ouvriers et d'autres personnes vulnérable (les veuves, femmes, orphelins, les pauvres, les défenseurs environnementaux et fonciers ruraux) en matière d'accès à la justice sur la question foncière. Elle a également fait des travaux sur l'accompagnement des affaires devant la Commission nationale des droits de l'homme (CNDH). Le Centre d'étude pour la protection de l'environnement et le développement (CEPED) a mené des études sur l'impact de la démographie,[10] le développement des villes sur la gouvernance des régimes fonciers et les ressources du PNVi.[11]

Toutefois, aucun de ces travaux ne présente l'apport de la cette société civile dans le processus des réformes juridiques et institutionnelles lié au régime foncier depuis le Nord-Kivu, en RDC. C'est pourquoi la présente étude vise, à travers une approche documentaire et la consultation des archives sur le processus de la réforme foncière, à présenter de manière synthétique l'apport et le rôle de la société civile du Nord-Kivu, ses actions et leur impact sur les résultats de la réforme foncière. Il s'agit donc d'un document synthèse et analyse qui démontre le rôle de la Société Civile du Nord-Kivu, dans l'impulsion de la réforme foncière en RDC.

L'ACEDH n'a pas la prétention de maitriser tous les acteurs de la société civile et les actions qu'ils mènent dans le domaine foncier mais elle croit qu'avec ses réalisations et le fait qu'elle a été une des actrices de la réforme foncière,

---

[11] ONU HABITA, coordination foncière Nord-Kivu : Fichier des intervenants dans le secteur foncier en province du Nord-Kivu

elle peut, à l'actif du Nord-Kivu, avoir une connaissance importante de l'apport de la société civile.

Cette publication recoupe donc les efforts des organisations de la société civile du Nord-Kivu, leurs positions ainsi que les actions menées avec les acteurs locaux, nationaux et étrangers aux fins d'offrir à la RDC un processus plus démocratique et participatif reflétant les demandes et besoins citoyens y compris ceux des plus faibles. Ces organisations, sous le parapluie (CACO) ont été présentées à toutes les étapes du processus de réforme foncière aux fins de faire attendre la voix de la province et exprimer la nécessité de corriger les erreurs et injustices du passé. A travers cet ouvrage, nous valorisons et immortalisons l'apport de tous ces acteurs de la société civile qui ont porté les revendications des communautés, des chefs coutumiers, des femmes et peuples autochtones afin de les faire intégrer dans tous les outils de planification, singulièrement le document de politique foncière nationale aussi bien que les projets et textes des lois.

4. Difficultés rencontrées par la société civile dans le processus

Le processus de réforme foncière est un processus très complexe et hautement sensible au regard des enjeux politiques, sécuritaires, des positionnements stratégiques et des rivalités régionales au niveau des frontières de la RDC. La société civile a rencontré ces défis dans ses démarches visant à influencer les politiques et pratiques foncières. Le processus a eu aussi des faiblesses majeures comme le fait que c'était un processus financé par des fonds extérieurs, de fois des étapes de ralentissement du processus ont fait perdre les idées de documentations et le courage.

C'est une question aux intérêts forts et à compétition dans les provinces de l'Est. Aussi l'accès aux financements n'était-il pas une chose facile, ce qui a fait que les organisations de la société civile se débouillaient avec leurs partenaires aux fins de contribuer au processus de la réforme foncière. Certains cas de résistance politique et sociale ont été soulevés contre le processus depuis la base jusqu'au niveau de l'Assemblée nationale.

La résistance de certains concessionnaires et agents de l'administration foncière à forte influence politique contre les droits fonciers non titrés et l'implication des chefs coutumiers dans la gouvernance foncière a exigé plus des travaux de mobilisation et de conscientisation. En outre, le processus d'accès à l'information foncière, l'absence d'un circuit d'accès aux informations foncières et le défi de la transparence au niveau de la gouvernance formelle et informelle du foncier sont des défis majeurs dans le processus d'études sur les questions foncières et spécialement sur la gouvernance et gestion.

La distance entre Kinshasa et la province était une autre limite dans les activités de lobbying, de plaidoyer et d'influence sur le processus. A cela s'ajoutent, en fin de compte, les difficultés relatives à l'insécurité et l'implication des groupes armés et politiques dans la gouvernance et le contrôle des terres à l'Est de la RDC, la faiblesse de l'autorité de l'Etat et l'impunité généralisée.

5. Approche méthodologique

Cette publication est un fruit d'un travail d'équipe, de consultation, de concertation et partage d'expériences avec des acteurs et praticiens locaux et scientifiques du domaine foncier au Nord Kivu, Dans d'autres provinces et d'autres Pays des efforts collectifs des acteurs et organisations de la société civile travaillant sur les questions foncières dans sa dimension multi sectorielle au Nord-Kivu. Elle repose sur une approche consultative des acteurs croisée aux méthodes de revue documentaire et de la consultation des archives juridiques, des documents de programmation et des notes d'orientation des activités foncières de la société civile et de la CONAREF. Ces matériaux ont été exploités, analysés et capitalisés dans cette publication. La technique d'observation et de participation aux travaux en atelier sur la réforme foncière en RDC a permis d'enrichir cette étude. Des focus groupes, des consultations organisationnelles et personnelles ont été pris en compte. Des échanges avec les acteurs membres des organisations du réseau de suivi du processus de la réforme foncière ont été effectués.

Cette étude se fonde également sur l'analyse de l'existant et les pratiques locales qui ont inspiré le processus de la réforme et gouvernance des régimes fonciers, pêche, forêts et aspects. Il convient d'y ajouter les travaux des ateliers, les dossiers d'aide légale collective sur des affaires d'accaparement des terres, d'éviction foncière, d'envahissement des espaces publics et les archives y afférentes. Des idées et réflexions de plus de 37 organisations, environnementales foncières et 8 acteurs des organisations phares impliquées dans les questions de la réforme foncière ont été consultés. Des entretiens stratégiques et des expériences pratiques ont été effectués pour cimenter les informations récoltées et les idées brutes des acteurs. Plusieurs réunions foncières locales, nationales et internationales documentées et les points stratégiques pointés. Des échanges vec des acteurs Américains, Nigérians, Sénégalais, Malgache, Néerlandais, Tanzaniens, Ougandais, Burundais aux fins de comprendre les pratiques foncières locales et leurs interactions sur le système de la gouvernance foncière des Etats. Il faut aussi souligné que des échanges formelles et informelles avec des acteurs fonciers et environnementaux de la société civile et communauté scientifique, les Consultants à la CONAREF, des avocats, des agents de l'administration foncière, des agents aux administrations coutumières, des agents aux services de coopérative d'Epargne et des crédits, leurs pratiques et expériences sur les questions foncières ont aidées à faire une comparaison professionnelle de perception sur le foncier.

6. Structure de l'ouvrage

L'ouvrage L'empreinte collective de la société civile du Nord-Kivu dans le processus de la réforme foncière en RDC est structurée sur des points introductifs, remerciements et préface, il sera articulé sur les points ci-après ;

1. INTRODUCTION
2. Chapitre I. ENJEUX, PREOCCUPATIONS DES REGIMES FONCIERS APPLICABLES A LA TERRE, A LA PECHE, AUX FORRETS ET A LA CONSERVATION AU NORD-KIVU
3. Chapitre 2. CONTRIBUTION CONCRETE DE LA SOCIETE CIVILE A LA FORME FONCIERE EN RDC
4. Chapitre 3. SUCCES DES ACTIONS POUR UNE GOUVERNANCE DES REGIMES FONCIERS DANS LE PROCESSUS DES REFORMES JURIDIQUES ET INSTUTIONNELLES EN RDC
5. CONCLUSION

Chaque chapitre a des sections, les sections des paragraphes et dans la conclusion, les recommandations y sont formulées.

CHAP I.
ENJEUX, PREOCCUPATIONS DES REGIMES FONCIERS APPLICABLES A LA TERRE, A LA PECHE, AUX FORRETS ET A LA CONSERVATION AU NORD-KIVU

Section 1. Enjeux fonciers majeurs : question foncière –souveraineté et politique en RDC

Dès la colonisation, les occupations foncières et politiques de l'héritage ancien, l'administration foncière et les institutions politiques en charge du domaine ont été pensées selon la philosophie de protection des droits fonciers des indigènes, bien que cela ait été perçu différemment après l'indépendance en RDC. Il faut indiquer que la protection des droits fonciers des indigènes était un des soucis majeurs. Un souci à la fois politique, économique et culturel, voir même identitaire.

Le Ministère des affaires foncières[12] trouve lui-même son origine dès la création de l'Etat indépendant du Congo (EIC) en 1885. En effet, l'Administrateur général du Congo signa en date du 01 juillet 1885 l'ordonnance relative à l'occupation des terres sur l'ensemble du territoire et qui ne comportait que deux articles. Le premier interdisait toute signature des conventions avec les indigènes ayant pour objet l'occupation à un titre quelconque, des terres en dehors de l'intervention d'un officier public commis à cet effet par l'Administrateur général et d'après les règles que celui-ci aura déterminées dans chaque cas particulier. Le second article disposait que nul n'avait le droit d'occuper sans titres des terres vacantes, ni de déposséder les indigents des terres

---

[12] Ministère des affaires foncières et notes des échanges avec le Professeurs Mugangu sur l'évolution de la gouvernance foncière en RDC et les enjeux politiques, notes prises lors des études foncières en Ituri, Prof Mugangu Matabaro Severin : Note d'orientation et Note méthodologique de la recherche sur le même sujet voir in https://cadastre.gouv.cd/historique-du-ministere/

qu'ils occupaient et que les terres vacantes devaient être considérées comme appartenant à l'Etat.[13]

Cependant, il est difficile d'imaginer des terres vacantes ou des terres sans maître même si elles ne sont pas mises en valeur ou occupées physiquement selon certaines sources coutumières.

Le Ministère des affaires foncières a changé d'appellation au cours de l'histoire : Ministère des terres, mines et énergie, ministère des terres, mines et urbanisme. C'est un ministère technico juridique du fait qu'il se subdivise en deux grandes parties à savoir le cadastre (service technique) et les titres Immobiliers (service juridique).

Le Gouvernement de la RDC confère au Ministère des affaires foncières le pouvoir de gérer la terre. A ce titre, il doit assurer une bonne cohésion nationale par l'harmonisation des différents textes juridiques qui se superposent en matière des terres, notamment la loi foncière, le code minier, le code forestier et le code agricole.

La question de la gouvernance des régimes fonciers applicables aux terres, forêts, eaux, pêche et autres aspects connexes sont des enjeux qui soulèvent beaucoup de questions et compétition des droits en droit et dans la société. Pour ce qui est du droit écrit comme le droit non écrit, c'est-à-dire le droit coutumier, il y a la notion de contrôle et de compétition sur les ressources naturelles. En avoir, exercer un contrôle, être propriétaire, avoir possession, partager avec les autres, en être le seul maître

Des questions importantes sont soulevées, allant des préoccupations politiques et sécuritaires, des préoccupations sociales et économiques, des préoccupations juridiques et d'ordres judiciaires, des préoccupations centrées sur des valeurs anthropologiques, les droits à la sécurité alimentaire et les aspects connexes. Ce sontles préoccupations environnementales, de justice climatique et de gouvernance en général qui ont motivé l'implication de la société civile dans l'impulsion de cette réforme et l'accompagnement vers la production du droit foncier adapté aux besoins nationaux et locaux.

Les autres questions sont liées au dysfonctionnement de l'administration foncière et judiciaire pour donner réponses efficaces aux demandes et besoins citoyens, à l'accès à l'information, à la sécurisation des droits fonciers des plus faibles, à l'émergence d'un modèle de justice informel dans le règlement des conflits fonciers, aux tensions permanentes entre les pratiques et les lois, au mariage inachevé entre le droit écrit et le droit coutumier et à un droit foncier inadapté aux préoccupations émergentes liés aux changements climatiques , sauvegarde sociale, socialisation des droits et du droit, l'intégration du genre et la nouvelle technologie de l'information sont aussi des besoins auxquels la réforme se penche. .

§1. Survol de quelques enjeux et préoccupations majeurs

L'implication de la société civile du Nord-Kivu dans le processus de la réforme foncière est un engagement social, juridique, politique, économique, culturel et citoyen, dicté par plusieurs enjeux liés aux préoccupations et soucis majeurs que posent la question foncière et ses aspects connexes au Nord-Kivu. Nous allons soulever certains de ces enjeux et identifier quelques acteurs afin de donner, par la suite, une justification de cet engagement et de cette appropriation par la société civile du processus de la réforme.

. Enjeux politico-sécuritaire et souveraineté nationale

La question foncière au Nord-Kivu est un facteur déterminant dans les positionnements politiques, la définition des options sécuritaires et la sauvegarde de la souveraineté nationale, le positionnement géostratégique et les différents conflits armés et identitaires qui ont vu le jour dans la province susmentionnée. Parmi ces conflits qui se sont succédés dans le Nord-Kivu il y a lieu de citer les exemples ci-après :

- ✓ 1937 à 1960 : la migration massive des populations venant du Rwanda vers le Masisi marquant déjà les premières tensions ethniques liés aux questions de terre avec les guerres de Kanyarwanda ;
- ✓ 1944-1954 : Les contestations de l'autorité coutumière dans l'enclave artificiellement créée de Gisharo par les banyarwanda transplantées entre,
- ✓ 1949-1961 : la fuite des réfugiés Tutsi du Rwanda vers le Kivu avec des conséquences sur les droits fonciers existants des populations dites autochtones ;
- ✓ 1959-1991 : la montée de la violence au Rwanda ;
- ✓ 1962- 1965 : les questions électorales vont créer des violences entre les migrants et les autochtones au Nord-Kivu dans le processus politique de contrôle des assemblées provinciales.

Ces années marquent aussi le découpage territorial et foncier de l'ex-Kivu pour faire naître trois nouvelles provinces (Maniema, Nord Kivu et Sud Kivu), conformément à l'ordonnance-loi n°031 du 20 juillet 1988. Historiquement, ce découpage territorial tire ses origines profondes des années 1962. En effet, l'article 7 de la Loi fondamentale relative aux structures du Congo de 1960 fut modifiée le 9 mars et du 27 avril 1960 concernant les provinces et fixant les critères de leur création, lesquelles portèrent le nombre des provinces de six à 21. Ce découpage engendra le terme populaire de provincettes.[14] Dans cette nouvelle configuration, les migrants avaient commencé dans les territoires de Masisi et de Rutshuru à s'opposer aux autochtones qui avaient été élus en majorité aux élections législatives nationales et provinciales. Ce qui occasionna des affrontements entre les autochtones, les migrants et la police. En 1965, à la suite de ces violences, l'Assemblée provinciale du Nord-Kivu vota une résolution mais qui n'aura pas été appliquée, selon laquelle il fallait expulser les Banyarwanda qui étaient impliqués dans les actes de violence et dans différentes rebellions.[15]

1. Questions politiques, électorales, de nationalité et enjeux fonciers

La question foncière est intimement attachée aux enjeux électoraux, les questions identitaires et les origines en Afrique et en RDC. Ce qui fait que l'un invite l'autre dans le débat citoyen et parfois sous une forme plus violente. Il convient d'évoquer certains dates et évènements clés qui ont influencé les questions foncières et politiques en RDC :

- ✓ 1966 : la loi Bakajika est adoptée. Il s'agit d'une nouvelle législation foncière en RDC dans un contexte dictatorial ;
- ✓ 1971 : c'est le début de la période de 3Z du mobutisme (Zaïre comme pays, monnaie et fleuve) ;
- ✓ 1973 : c'est l'adoption des mesures de la nationalisation et de la zaïrianisation des biens des étrangers. Les propriétés foncières des européens étaient accordées à des notables et dignitaires proches du régime de Mobutu.

---

[14] NKULU KILUMBA BOSHWAA,« Perception et enjeux du découpage territorial en République Démocratique du Congo. Cas de la Province de Haut –LOMAMI », *Librairie Africaine d'Etudes Juridiques* 2015, p.555.

[15] FAT : Etude sur la Problématique Foncière au Nord-Kivu, RDC, Coordonnée par le Comité Catholique contre la faim et le développement, Janvier 2010, Page 12-- 15

- ✓ En 1974, des projets appuyés par les institutions internationales dans le domaine agricole et d'élevage étaient amorcés dans les anciennes concessions et propriétés nationalisées ;
- ✓ entre 1970, 1972,1973 et 1986 : Une nouvelle législation sur le foncier et sur la nationalité en République du Zaïre est adoptée ;
- ✓ entre 1990-1991 : compte tenu des enjeux politiques de la démocratisation, les opérations d'identification des nationaux devaient avoir lieu et devaient faire référence aux questions d'origine et de la nationalité ; mais cela fut encore une fois à l'origine des violences dans le Nord et le Sud Kivu.

En 1972, pendant que Barthelemy BISENGIMANA était le Directeur de Cabinet de Mobutu, une nouvelle législation accorda la nationalité zaïroise collectivement à tous les ressortissants du Rwanda et du Burundi établis en RDC avant l'indépendance. Elle donna les possibilités juridiques aux migrants rwandais présents au Kivu d'avoir accès et de sécuriser les droits fonciers acquis dans le processus de la zaïrianisation, conformément aux nouvelles procédures foncières mises en place aux mépris des ''us '' et ''**coutumes**''. Ces lois leur ont permis d'acquérir des terres, de se créer une majorité démographique, un poids électoral, un poids politique et une tendance à l'autonomie et à la résistance politique vis-à-vis des chefs autochtones locaux.[16]

2. Guerres et tensions identitaires, politiques et foncières face à la souveraineté de l'Etat congolais

Dans le territoire de Masisi, des milliers de personnes sont mortes à cause des conflits identitaires liés à la terre, à l'identité, à la nationalité et à la conquête du pouvoir. Il y a

[16] FAT : opp cit Page 13

eu des conflits sanglants opposant les autochtones (Hunde, Nyanga et Tembo) contre les Banyarwanda. La première guerre aurait fait entre 3000 à 14.000 morts et 200.000 déplacés du fait des confrontations ethniques aux revendications identitaires et foncières en 1993.[17] La période entre novembre 1993 et novembre 1994 marquera une deuxième guerre ethnique dans le Masisi qui impliqua des FAR (les ex Forces armées rwandaises) qui deroberont des bétails et commettront d'autres graves violations sur les vies et biens privés. Depuis 1996, à la suite de la montée et de la généralisation de la violence dans le Kivu, des mouvements rebelles et/ou terroristes ayant des revendications politiques et d'autres une dimension régionale se constituèrent sous les dénominations variées, à savoir notamment: Alliance des forces démocratiques pour la libération (AFDL) ; Rassemblement congolais pour la démocratie (RCD) ; Congrès national pour la défense du peuple (CNDP), Mouvement du 23 mars (M23), Mai-Mai, Forces démocratiques pour la libération du Rwanda (FDLR), *Allied Democratic Forces* (ADF).. Si certains de ces mouvements sont considérées comme des forces d'occupation, d'autres se font une posture de libératrices contre les occupations foncières, des patriotes contre les forces étrangères d'occupation. Les Mai-Mai se revendiquent de cette tendance-là de forces patriotiques.

Il faut savoir que de 1996, 2002 à 2003, dans un élan des contestations patriotiques contre des forces d'occupation de la RDC d'une part et entre 2022 -2023, à la suite du déploiement de la Force d'intervention régionale de la Communauté de l'Afrique de l'Est (EAC), On a encore observé des armées étrangères être opérationnelles sur le sol congolais dans le Nord-Kivu, notamment les inventions des troupes kenyanes, ougandaises, sud- soudanaises et burundaises …

---

[17] Idem Page 14

3. Mobilisation contre la balkanisation de la RDC[18]

La société civile, les confessions religieuses et des courants politiques congolais ont mis en place des activités de dénonciation, de mobilisation et d'appel à la conscience collective contre la balkanisation de la RDC car celle-ci ne serait que la remise en cause de l'intégrité du territoire national. Cet aspect de chose a ramené de plus en plus la question foncière, de la paix et de la stabilité dans la dimension de la souveraineté nationale de l'Etat. Ainsi, des informations foncières et débats sur la gouvernance foncière évoluent parfois dans le cadre des ressources ou supports nourriciers aux questions opposant les Etats.

Les groupes armés ont eu de graves incidences sur les droits fonciers, le contrôle et la gouvernance des terres. C'est en cette période qu'ont eu lieu même les occupations anarchiques du Parc national des Virunga et la création des zones sur-militarisées et des camps des déplacés qui ont détruit la biodiversité ayant commencé depuis les années 1992 au Nord-Kivu. Entre 1998 et 2003, les territoires de Beni et de Lubero étaient contrôlés par le Rassemblement congolais pour la démocratie / Kisangani Mouvement de libération (RCD /KML) soutenu par l'Ouganda, tandis que le RCD/Goma soutenu par le Rwanda contrôlait la partie sud de la province où se situe le Parc des Virunga, aire protégée, inscrite sur le site du patrimoine mondial de l'UNESCO. Il y a aussi d'autres groupes armés, comme les FDLR, qui ont dramatiquement impacté les droits fonciers locaux des paysans et la maitrise foncière du Parc national des Virunga et l'habitat de gorilles de montagne qui se situe en RDC dans les limites entre le Rwanda et l'Ouganda.

[18] CENCO : Communiqué de presse : appel à la Mobilisation contre la Balkanisation du Congo, les évêques de la République Démocratique du Congo

Les conflits armés ont fragilisé l'autorité de l'Etat et affecté même des éléments de souveraineté de l'Etat. Des groupes d'auto-défense locale et des mouvements mai mai ayant pour objectif la défense des terres des ancêtres contre les agresseurs pour la sauvegarde de la partie ont été mis en place.

Des mouvements citoyens et des efforts de la société civile pour mettre fin à ces violences ont été encouragés. A cet effet, la société civile a fait partie de différentes négociations de paix de Pretoria, Lusaka, Kampala, Goma, Addis-abeba, Luanda, Bujumbura et Nairobi.

La question foncière est devenue de plus en plus sensible, une question de vie ou de mort, une question de souveraineté, une question de sécurité face aux velléités expansionnistes des pays voisins coincés par la démographie et la pression foncière. Les contestations par la société civile de l'occupation des espaces par des forces étrangères ne font que montrer l'attachement des congolais aux ressources foncières de leur pays et le souci de la democratisation de la gouvernance politique qui ne laisse pas le foncier à part. Les questions foncières s'invitent de plus en plus et une mobilisation générale contre la balkanisation, le massacre et le pillage s'accroit dans toute la RDC

B. *Enjeux sociaux, économiques, historiques et culturels*

Les ressources naturelles au Nord-Kivu sont intimement liées aux supports fonciers. Le foncier détermine les rapports sociaux économiques et même les liens culturels, voire historiques.

Chaque groupe social et chaque individu cherche à s'identifier socialement par une colline, un champ, un village, un groupement, une chefferie, un secteur. Toutes ces entités représentent avant tout un espace foncier bien déterminé et délimité. D'ailleurs nombreuses communautés sont souvent identifiées par une appellation liée à une colline ouun village.

C'est comme dans le Masisi. En effet, il y a des gens qui se font identifier comme des BASUSU, c'est-à-dire les habitants du village Busuou, les Banya Buabo (les habitants du groupement Buabo,) les Banyabwisha (les habitant du groupement Bwisha) les Banya Nzulo (habitant de Nzulo) et les Banya Matcha (habitat de Matcha).

C'est donc une identité sociale, une appellation ou un nom avec une signification à la fois culturelle, sociale et historique. Cette valeur sociale fait que les gens sont très attachés à leur terre et en donnent une autre valeur au-delà du simple bien immobilier foncier comme la loi ou les agronomes et les autres scientifiques voient et considèrent la terre.

Sur le plan économique, la terre est un bien symbolisant la richesse, le prestige et l'honneur. La considération d'une personne au Nord-Kivu et son emprise sur la masse sociale peut être dictée par ses avoirs immobiliers.

La valeur vénale actuelle du foncier et le développement du marché foncier fait de la terre et ses accessoires un bien commercial de grande valeur. Toute l'économie du Nord-Kivu à plus de 80% dépend de l'agriculture et des aspects connexes du foncier.

Le foncier est considéré comme la banque d'habitat par la majorité de la population. Cette marchandisation couplée à la forte démographie galopante dans les agglomérations, villes et villages du Nord-Kivu et dans la sous-région des Grands Lacs fait que des conflits socio-économiques naissent à cause des rapports et transactions fonciers.

Dans le Kitshanga à particulier et dans le Masisi en général, on trouve par exemple parmi les grands concessionnaires des étrangers ou des églises ou des sociétés qui détiennent de grosses superficies des terres contre des petits exploitants sans terres. C'est aussi des acteurs politiques, officiers militaires et ex chefs des groupes rebelles qui ont acquis des espaces parfois de manière opaque au détriment de la masse paysanne.

§2. Défis juridiques et institutionnels : mariage inachevé entre le droit écrit et la coutume

Au-delà des faits sociaux et conflits actuels qui inondent les cours et tribunaux et les autres défis d'ordre politique, économique et technologique dans la gouvernance foncière, il y a lieu de noter le problème du dualisme juridique qui se caractérise par la tension permanente et les confrontations opérationnelles entre le droit écrit et les pratiques coutumières dans la gestion foncière.

Bien que la loi n°73-021 du 20 juillet 1973 portant régime général des biens, régime foncier et immobilier et régime des sûretés, telle que modifiée et complétée à ce jour, soit habituellement appelée « loi foncière », elle assujettit la gestion des terres relevant de l'autorité coutumière à une ordonnance présidentielle qui devrait intervenir pour réglementer le mode de gestion de ces terres.

L'ordonnance n'étant pas encore prise, les terres coutumières sont gérées selon des pratiques et normes qui sont parfois *''contra legem'' mais aussi de fois des coutumes évolutives au fil du temps. ....*

L'évolution législative récente ne fait que confirmer de plus en plus le vide sur cette question. La loi elle-même dans sa pratique pose des problèmes et ouvre la brèche à des tensions permanentes entre les citoyens et les instances chargées d'appliquer les lois en matière foncière.

L'autre manche de problème qui s'observe sur les lois, c'est le manque de cohérence entre différentes politiques et législations impactant le foncier qui nourrissent des contradictions inouïes. Par exemple, la Loi n°15/026 du 31 décembre 2015 relative à l'eau, la loi n° 007-2002 du 11 juillet 2002 portant Code minier, la loi n°15/012 du 1er août 2015 portant régime général des hydrocarbures, la loi n° 011/2002 du 29 aout 2002 portant Code forestier, la loi n°11/009 du 9 juillet 2011 portant principes fondamentaux relatifs à la protection de l'environnement et la loi n° 14/003 du 11 février 2014 relative à la conservation de la nature.[19] Ces contradictions sont aussi à la base de l'insécurité et de l'incertitude foncière au Nord-Kivu.

Ainsi, en plus du vide juridique concernant la gestion des terres coutumières des communautés locales, il y a une inflation législative qui sème des confusions et contradictions sur des problèmes majeurs relatifs à la sécurisation et à la stabilisation des droits fonciers ruraux non titrés.

§3. Administration foncière et judiciaire en quête de performance et de confiance de plus en plus rare

La gouvernance foncière et les aspects connexes obéissent à la fois au droit étatique et aux normes coutumières, compte tenue de l'inexistence de l'ordonnance prévue à l'article 389 de la loi n°73-021 du 20 juillet 1973 portant régime général des biens, régime foncier et immobilier et régime des sûretés, telle que modifiée et complétée à ce jour. Cette ordonnance allait réglementer le mode de gestion des terres coutumières mais son défaut laisse persister un vide juridique mais aussi crée une collusion juridique entre deux systèmes fonciers en RDC, le système de droit écrit et le système de droit coutumier. Ceci est aussi plus réel et observable dans les décisions judiciaires de droit écrit au Nord-Kivu en particulier et en RDC en général.

L'administration foncière en RDC est un domaine à la fois technique et juridique mais aussi politique. L'Etat congolais confère au Ministère des affaires foncières le pouvoir de gérer la terre et l'obligation d'assurer une bonne cohésion nationale par l'harmonisation des différents textes juridiques en matières foncières, notamment :la loi foncière, le code minier, le code forestier et le code agricole.

---

[19] Olivier Ndoole : Notes de présentations de l'atelier Conférence sur la Problématique foncière en RDC dans le paysage Virunga, Conférence publique avec les étudiants, inédit, 2020 , USA, Oregon university

En effet, le Ministère des affaires foncières est un ministère technico-juridique du fait qu'il se subdivise en deux grandes parties à savoir le cadastre (service technique) et les titres immobiliers (service juridique). Le cadastre étant un service technique, il s'occupe de l'inventaire des biens immobiliers en utilisant les arpenteurs, les géomètres, les dessinateurs, les ingénieurs géomètres et les experts immobiliers. Les services immobiliers s'occupent de l'octroi des titres et de leur conservation.

La structure du Ministère des affaires foncières se présente comme suit : une administration chapeautée par le Ministre qui applique la politique foncière du gouvernement, l'administration foncière est dirigée par un secrétaire général qui est épaulé par dix directions au niveau national, à savoir :

- Direction des services généraux et du personnel ;
- Direction des titres immobiliers ;
- Direction du cadastre foncier ;
- Direction du cadastre fiscal ;
- Direction de l'inspection ;
- Direction du contentieux foncier et immobilier ;
- Direction des biens sans maître ;
- Direction des fonds de promotion foncière ;
- Direction des études et planification ;
- Direction de l'Ecole nationale du cadastre et des titres immobiliers.

En province, le Ministère des affaires foncières fonctionne par le biais des circonscriptions foncières qui regorgent deux divisions : La division des titres immobiliers et la division du cadastre.

Concernant la gouvernance formelle des régimes fonciers applicables aux terres, on peut affirmer que le cadre institutionnel de la gouvernance foncière est assuré par l'administration foncière et constituée de l'ensemble des services qui concourent à la gouvernance des terres (affaires foncières, urbanisme et habitat, agriculture, pêche et élevage). La gestion foncière ''stricto sensu'' relève toutefois de la compétence du Ministère qui a les affaires foncières dans ses attributions ; ce dernier exécute la politique de l'Etat en matière d'affectation et de distribution des terres, conformément à l'article 181 de la loi foncière. L'accomplissement de sa mission requiert cependant le recours à l'expertise des services de l'agriculture pêche et élevage (AGRIPEL), de l'administration publique et du parquet pour l'établissement de l'enquête préalable à la concession des terres rurales (article 194 et 195 de la loi foncière). La mise des parcelles sur le marché passe par l'établissement des plans de lotissement et requiert le recours à l'expertise des services de l'urbanisme avant sa transmission auprès de l'autorité compétente par le Conservateur des titres immobiliers. Il ne faut pas oublier qu'il existe une gouvernance informelle des régimes fonciers qui, dans la pratique, est fonctionnelle et coopère parfois avec l'administration foncière formelle.

En définitive, la justice et le notaire jouent un rôle important dans la gestion foncière en RDC. Ceci s'opère sur la base de la loi organique n°13/011-B du 11 avril 2013 portant organisation, fonctionnement et compétences des juridictions de l'ordre judiciaire en RDC et bien d'autres instruments juridiques nationaux et internationaux à incidence sur le domaine foncier, pêche, élevage, agriculture, habitat, mouvement de population, droits humains, les directives volontaires régionales sur les fonciers …

§4. Performance et légitimité de la justice

L'important est qu'il existe un dispositif juridique important mettant en place un cadre institutionnel déployé, mais il faut comprendre qu'il y a une crise profonde de performance et de légitimité des institutions et services rendus aux citoyens. Cette crise qui entame la confiance, la crédibilité, la transparence, la sécurité et la sureté des droits restent un grand défi qui motive les actions de plaidoyer, de lobbying et d'influence sur les politiques et pratiques dans la gouvernance foncière au Nord-Kivu.

Parmi les problèmes à résoudre il y a une administration foncière et judiciaire très limitée en équipement, avec un système d'archivage technologique, une bonne maitrise des lois, avec un personnel très inadapté aux enjeux et à la vitesse du développement numérique, un système de gestion très artisanale et désordonné, des tracasseries administratives et occultes voilant la corruption et d'autres antivaleurs chez certains agents, un personnel peu motivé et moins équipé, avec un esprit de marchandisation des actes de sécurisation et de procédure. Les maux sont tellement graves qu'ils provoquent de graves oppositions citoyennes de sorte que la population et les justiciables ont perdu confiance en la justice et en son administration foncière.

Dans certaines régions, quand l'on voit un agent de l'administration foncière, une mobilisation en faveur d'une attention collective contre les accaparements des terres est déclenchée et des dispositions sont prises pour alerter l'opinion.[20]

Il en est de même de la justice. D'ailleurs d'aucuns estiment que les acteurs judiciaires sont à la base de l'insécurité foncière au Nord-Kivu et s'appuient sur des faits réels de corruptions, faux et usages de faux dans des affaires et des jugements iniques qui n'ont rien à faire avec le droit ou les faits.[21] Il convient également de noter des cas d'arrestation

---

[20] Notes des entretiens avec les acteurs à Watalinga, Baswagha, Beni, Masisi, collection des idées citoyennes sur la gouvernance formelle et informelle du foncier, 2019, témoignages, sondages et entretiens.

[21] Dossier arrestation par le Paquet Génal du Nord-Kivu de la Juge Madame KAPINGA, pour faux et usage des faux et autres faits pour avoir, après

des anciens ouvriers des concessions par des magistrats sur demande des grands concessionnaires et même d'autres formes d'injustice foncière qui sont renforcées à cause de la mauvaise administration de la justice et de la gouvernance des terres.[22]

D'autres décisions judiciaires ou administratives seraient fabriquées par des acteurs censés protéger le domaine public de l'Etat et le domaine public coutumier. Les acteurs sociaux constatent que ce sont ces autorités judiciaires et foncières qui produisent en toute opacité des décisions pour spolier les biens immobiliers de l'Etat. Les acteurs citent les cas des immeubles de l'Etat dans les affaires portées devant le Tribunal de grande instance (TGI) de Goma visant à accorder des biens publics à des particuliers. Par exemple, l'immeuble devant servir de résidence officielle du Procureur de la République près le TGI/Goma. Une décision avait été rendue par le TGI/Goma accordant cette concession à une tierce personne. C'est le cas également de l'immeuble de la Banque de développement des Grands Lacs (BDGL) ou de la partie Nzulo du Parc national des Virunga. Le TGI s'était permis de prononcer une décision remettant en cause les limites du Parc sans aucune mesure de désaffectation.[23] Il en est de même de la parcelle située en face

corruption, falsifiéun jugement dans une affaire foncière FEPACO NZAMBE MALUMU (MALAMU peut être) , elle avait imité les signature des membres de la composition.

[22] https://www.radiookapi.net/2022/05/11/actualite/justice/goma-lacedh-denonce-la-detention-illegale-de-5-paysans-la-prison , http://www.radiomoto.net/2022/04/28/problematique-dacces-a-la-terre-a-masisi-entre-agriculteurs-et-concessionnaires-qui-en-paie-le-prix/

[23] Radio Okapi : Nord-Kivu : spoliation du parc des Virunga à Nzulo, les ONG de protection de l'environnement saluent la décision du gouverneur en faveur du parc https://www.radiookapi.net/2022/03/24/actualite/societe/nord-kivu-spoliation-du-parc-des-virunga-nzulo-les-ong-de-protection-de

de la résidence officielle du Gouverneur de province, de l'espace dit Kamuchanga et de bien d'autres espaces.

Les chefs coutumiers sont censés protéger le domaine public foncier des communautés locales, mais certains sont les premiers à le vendre en complicité avec certains agents de l'administration foncière et des autorités politiques ou militaires du Nord-Kivu.[24] Dans certaines affaires judiciaires de spoliation des biens de l'Etat,, les arrêtés et mesures du Gouverneur de province mettant en place des commissions mixtes d'enquête sur ladite spoliation[25] ainsi que les alertes sociales sur cette situation sont des éléments probants .[26] Dans un arrêté rendu public le 03 mai 2023, le Gouverneur militaire de la province du Nord-Kivu, le Lieutenant-général Constant Ndima, a informé l'opinion de la mise en place d'une commission ad-hoc destinée à faire un état des lieux de la spoliation de certaines parcelles de l'État dans la ville de Goma.[27] Selon l'arrêté, au total 14 parcelles spoliées sont concernées. Il s'agit de :

- ✓ Marché Kisoko ;
- ✓ Plage publique lieu-dit Kamuchanga ;
- ✓ Parcelle devant le cabinet du Gouverneur ;
- ✓ Espace vert devant le cabinet du Gouverneur ;
- ✓ Espace devant la résidence officielle du Gouverneur ;

---

[24] Société Civile de Nyaragongo, Communiqué de presse : dossier spoliation du pâturage communautaire KIBAYA dans le Nyiragongo par le chef Déo Makombe

[25] https://lepotentiel.cd/2023/05/03/goma-le-gouverneur-militaire-sen-va-en-guerre-contre-la-spoliation-du-patrimoine-de-letat/

[26] ACEDH : Plainte contre la République Démocratique du Congo et Deo Makombe sur le dossier KIBAYA adressée à la commission nationale des droits de l'homme de la RDC

[27] https://foxtimes.cd/publications/7442-nord-kivu-spoliation-des-parcelles-de-l-etat-a-goma-le-gouverneur-constant-ndima-tape-du-poing-sur-la-table-document-,

- ✓ Site Nzulo-ICCN ;
- ✓ Résidence de l'ancien Directeur de province ;
- ✓ Résidence du Président de l'Assemblée provinciale ;
- ✓ Résidence du 1er Président de la Cour d'appel ;
- ✓ Résidence du Directeur de l'ANR ;
- ✓ Camp Dumez ;
- ✓ Camp Munzenze ;
- ✓ Parcelle en face du rond-point BDGL ;
- ✓ Parcelle de l'OCPT (la poste).[28]

§5. Agenda de la réforme, jonctions de la société civile du Nord-Kivu et vision dégagée

Plusieurs actions en synergie et multi acteurs ont été faites avec une forte participation des organisations de la société civile et des leaders sociaux représentant des masses sociales importantes des zones affectées par la crise foncière en RDC. Elles ont vite galvanisé l'opinion de sorte que les décideurs politiques et les partenaires techniques et financiers (PTF) se sont sentis interpellés par les défis et les demandes citoyennes.

Les demandes et revendications des engagements politiques et sociales ont été scellées concrétisées par la mise en place d'un plan de programmation, la rédaction d'une feuille de route et l'adoption d'autres outils techniques nécessaires aux fins de dérouler le processus.

La réforme foncière devient un choix politique du gouvernement, une option mise en place pour répondre aux demandes avancées par la société congolaise et en particulier la société civile du Nord-Kivu.

---

28 Radio Okapi : https://www.radiookapi.net/2023/05/04/actualite/politique/goma-le-gouverneur-de-province-cree-une-commission-denquete-sur-les

En octobre **2012,** les orientations de la feuille de route ont été présentées aux PTF à l'occasion d'une table ronde organisée par le Ministère des affaires foncières et le Vice-Ministre chargé des affaires coutumières afin de décliner les orientations de la réforme foncière, telle que préconisée par le Président de la République. C'était l'occasion de démontrer aux partenaires bilatéraux et multilatéraux le caractère prioritaire de la réforme foncière pour promouvoir un environnement propice au développement économique et œuvrer pour la cohésion sociale. Le Vice-Premier Ministre, Ministre des affaires coutumières a annoncé les dispositions prises par le gouvernement pour contribuer financièrement à la réforme avec la prévision de crédits budgétaires sur une base annuelle.[29]

Le processus de la réforme foncière a pris les premiers pas déjà avec la participation active de la société civile aux différents travaux de programmation, d'écriture, de consultations, de recherches et de séances de plaidoyer, d'enrichissement et de validation des documents pour faire passer les idées, les besoins et les opinions de la province du Nord-Kivu. Des nouvelles stratégies ont été définies pour orienter les nouvelles options coulées en préoccupations majeures qui devraient orienter les nouveaux choix à opérer. Il faut rappeler qu'en 2012, à la suite d'un atelier national de lancement de la réforme foncière, qui avait débouché sur l'adoption d'une feuille de route consensuelle, la RDC s'est lancée dans une option irréversible d'engager cette réforme sur la base des principes de participation, de décentralisation, de respect de l'environnement, des droits de l'homme, des droits des femmes et des minorités.

---

[29] RDC, Ministère des affaires Foncière de la République démocratique du Congo : **Document de Programmation de la réforme foncière, version mise à jour en 2017, CONAREF, Page 3**

a. . *Valeurs et principes de la réforme*

Valeurs de la réforme selon la planification	Principes de la réforme
❖ Besoin d'équité par le respect des droits collectifs et individuels tirés de la coutume ; ❖ Besoin de clarté par la détermination de la portée juridique et matérielle des droits des communautés locales et ceux des individus au sein de ces communautés ; ❖ Besoin d'efficacité gestionnaire par l'instauration d'un mécanisme participatif de gestion foncière ; ❖ Besoin de sécurité juridique des investissements et des transactions foncières en général et des tenures foncières coutumières à travers notamment l'enregistrement des opérations auxquelles donneraient lieu les terres des communautés locales ; Besoin de conformité aux engagements régionaux et internationaux du pays ;	❖ Participation qui implique un processus décentralisé, concerté et inclusif ; ❖ Valorisation économique des ressources foncières dans le respect des équilibres écologiques ; ❖ Satisfaction des besoins sociaux, d'identité et des aspirations collectives ; ❖ Consécration des discriminations positives en faveur des catégories sociales marginalisées ; ❖ Respect des droits humains fondamentaux.

Vision, objectifs et piliers de la réforme foncière en RDC30

Vision de la réforme	La réforme qui se fonde sur la vision d'une RDC pacifiée, socialement intégrée et économiquement dynamique en raison de l'amélioration de la gouvernance foncière
Objectifs spécifiques	❖ Reformer le Secteur foncier en vue de limiter, voire éradiquer les conflits fonciers et les violences d'origine foncière. ❖ Apporter la sécurité juridique aux droits fonciers des personnes physiques et morales publiques et privées avec une attention particulière aux personnes vulnérables, aux femmes et aux enfants, que ces droits soient issus de la Loi ou de la coutume ; ❖ Stimuler l'investissement productif basé sur le foncier, dans le respect de la durabilité environnementale.

[30] MINISERE DES AFFAIRES FONCIERES ET AFFAIRES COUTUMIERES : Plan de programmation de la réforme foncière version révisée, 20217, CONAREF, Page

Pilier 1. Elaboration d'un Document de politique foncière Des dispositions légales
a. Résultat du pilier : De 2012 à 2019, Un document de Politique foncière adapté aux évolutions, prenant en compte les préoccupations des parties prenantes en intégrant les éléments du contexte international est validé et soumis à l'adoption des instances compétentes respecté b. Produits intermédiaires • **Produit 1.1.** La CONAREF reçoit l'appui nécessaire pour rendre tous ses organes fonctionnels et opérationnels, tant au niveau national que provincial, pour accomplir ses missions (outils structurants, cadre organique, moyens techniques, moyens de fonctionnement). • **Produit 1.2.** La structuration et la participation effective des groupes de parties prenantes majeures sont assurés, en vue de leur permettre d'apporter une contribution effective au processus de la réforme foncière ; la participation effective des parties prenantes et de l'Administration foncière à travers des ateliers, fora et autres activités de consultation et de concertation, est également assurée : • **Produit 1.3.** Le projet de Document de Politique Foncière est produit et soumis à la validation des parties prenantes locales, provinciales et nationales avant sa transmission au

Gouvernement pour adoption et promulgation ;

- **Produit 1.4.** Des canaux de communication et d'échanges d'information sur les activités menées par les acteurs de terrain susceptibles de renseigner le processus de la réforme foncière, ainsi que sur le processus de la réforme foncière sont mis en place et rendus **opérationnels.**

Pilier 2 : Reconnaissance et sécurisation des droits fonciers individuels et collectifs : expériences pilotes et dispositions intermédiaires.

a. Résultat du Pilier :

Dès 2022 , Les droits fonciers individuels et collectifs des personnes physiques et morales et des communautés locales, tant en milieu rural qu'urbain, sont sécurisées de manière adéquate ; des mécanismes alternatifs de gestion des conflits fonciers sont intégrés au dispositif de gouvernance foncière.

b. Produits intermédiaires :

- **Produit 2.1.** Les acteurs et des initiatives de terrain en matière de reconnaissance et de sécurisation des droits fonciers locaux ainsi que de résolution des conflits fonciers sont recensés et une base de données tenue au niveau de l'Administration foncière.

- **Produit 2.2.** Les expériences de terrain réussies en matière de reconnaissance, de clarification et de sécurisation de droits fonciers ainsi

	que de résolution de conflits fonciers et immobiliers, tant en milieu urbain que rural sont reproduites dans des contextes locaux différents et les résultats capitalisés. • **Produit 2.3.** Un dialogue entre l'Administration Foncière, le pouvoir coutumier et les acteurs de terrain sur les questions foncières est engagé. • **Produit 2.4.** Les titres et occupations sans titres de terres agricoles font l'objet d'une revue en vue de leur mise en conformité avec les dispositions des lois Foncière et Agricole quant à la régularité des titres d'occupation et à leur mise en valeur effective • **Produit 2.5.** Des textes réglementaires capitalisant les résultats des activités sous ce pilier sont élaborés et validés par les parties prenantes
Pilier 3 : Amélioration de la Gouvernance Foncière et de l'Efficacité de l'Administration foncière ;	
a. Résultat du pilier : Du point de vue programmatique et indicatif, il était prévu à ce que dès Décembre 2022 ?), le niveau de performance de l'Administration Foncière est amélioré et son efficacité accrue a. Produits intermédiaires : • **Produit 3.1.** Les procédures de gestion foncière et la tenue des données foncières sont	

modernisées en faisant recours aux Nouvelles Technologies d'information et de Communication.

- **Produit 3.2.** Un programme d'Information, Education et Communication rattaché au processus de la réforme et au fonctionnement de l'Administration foncière est défini et mis en œuvre.

- **Produit 3.3.** Un appui matériel, technique et pédagogique est apporté aux institutions de formation du personnel de l'Administration foncière (3 écoles nationales du cadastre, l'Institut des Géomètres INBTP, l'Institut des Urbanistes ISAU), en adéquation avec la modernisation du système, et la mise à niveau des ressources humaines de l'Administration Foncière est assurée.

Pilier 4 . Adoption et harmonisation des législations et réglementations sectorielles;

a. Résultat du pilier :

Un projet de Loi Foncière révisée, intégrant les évolutions du cadre légal national et du contexte international, les préoccupations des parties prenantes et contenant des dispositions harmonisées entre les secteurs concourant au foncier est soumis au Gouvernement pour adoption et promulgation. Le texte est assorti des principaux textes d'application identifié.

b. Produits intermédiaires :

- **Produit 4.1.** Un projet de Loi Foncière est produit de manière participative, validé au sein des instances de la CONAREF et en Atelier National, et soumis au Gouvernement pour adoption.

- **Produit 4.2.** Les textes d'application essentiels dérivant du Projet de Loi sont élaborés et proposés à la signature au niveau de compétence indiquée (Premier-Ministre, Ministre, Gouverneur de Province, Ministre Provincial, etc.) tant au niveau national que provincial.

- **Produit 4.3.** Les textes légaux et réglementaires produits sont selon le cas, promulgués, publiés, distribués et vulgarisés par tous les canaux disponibles.[31]

§6. Participation active et directe des acteurs de la société civile du Nord-Kivu et impact de leur participation dans la planification des outils

La société civile du Nord Kivu a été très active directement et par des apports intellectuels issus des travaux de communautés locales dans le processus de la réforme foncière. Elle s'est constituée en lien d'intersection entre la population et les institutions publiques. Des structures locales ont mobilisé les communautés locales, peuples autochtones, chefs coutumiers, défenseurs environnementaux, opérateurs économiques et les initiatives de conservation de la nature aux fins de contribuer à la production du droit dans le domaine foncier. Dans les travaux avec la CONAREF, les acteurs de la société civile du Nord Kivu ont joué le rôle de rapporteurs des commissions. Des activités de consultations, concertations avec les acteurs ont été assurées par la société civile de ce dernier au cours de ce processus de la réforme foncière en RDC. L'impact est certains dans les outils de planification et dans les documents produits.

[31] MINISTRE DE AFFAIRES FONCIERES : Termes de référence de l'atelier d'élaboration des termes de références et documents de programmation de la réforme foncière, CONAREF, 2017, atelier Béatrice Hôtel

a. *Cadre de participation et appréciation sur la valorisation des apports de la CONAREF*

La société civile du Nord-Kivu était déjà très impliquée dans les activités visant à chercher des solutions extra judiciaires et extra institutionnelles du foncier. La plupart de ces solutions et approches appliquées sur les questions foncières et les aspects connexes ont été d'une inspiration pratique et sont issues des riches expériences qui ont marqué le contexte de la province.

Les projets exécutés et les rapports publiés ont été recensés par les experts de la CONAREF.

Les méthodologies et approches déjà adoptées dans la programmation depuis les travaux de recherche, diagnostic du secteur, consultations, rédaction et validation de l'apport de la société civile ont été prise en considération par la CONAREF et des ouvertures hors activités ont été possibles pour tous les acteurs présents.

Dans une bonne stratégie opérationnelle de lobbying, de plaidoyer et d'influence sur les pratiques et politiques en matière foncière, les organisations leaders du foncier et de l'environnement dans le Nord-Kivu ont été sollicitées dans des plates-formes stratégiques pour influencer le processus à côté de la plate-forme traditionnelle CACO qui a dans sa mission la question de la réforme du foncier.

Il faut ajouter que les plates-formes et les stratégies sont allées jusqu'à la mise en place des groupes numériques WhatsApp pour faire participer les acteurs au processus.

De même, le processus était encadré par les approches facilitant la participation et la complémentarité. Il s'agit entre autres des approches ci-après :

- ✓ un processus bâti sur l'existant ;
- ✓ apprendre des expériences pilotes ;

✓ apprendre des expériences des autres ;

✓ tenir compte de la dimension sous régionale ;

✓ droit à l'autosuffisance alimentaire ;

✓ droit à un habitat décent ;

✓ promouvoir une approche conforme aux objectifs de développement durable ;

✓ un pilotage basé sur l'approche multisectorielle ;

✓ coordonner les efforts entre les partenaires.

Fort de ces valeurs, principes et approches énoncés ci-haut, la société civile du Nord-Kivu s'est activement impliquée au niveau provincial et national. Les revendications et exigences de la société civile et des communautés locales ont été capitalisées pour influencer le processus dès la programmation à la production des instruments juridiques et des aménagements institutionnels du secteur foncier en RDC.

Grâce à l'engagement des acteurs de la société civile et la discipline dans la production et le contact avec la coordination CONAREF, les organisations venant de Goma ont participé à tous les travaux depuis le début jusqu'à la validation des drafts. Elles ont même organisé d'autres actions de plaidoyer à Kinshasa pour faire avancer la réforme. Dans le chapitre suivant, nous parlerons de ces actions et de quelques acteurs locaux clés qui ont donné des apports au processus.

b). ***Consultation nationale et les éléments de la feuille de route consensuelle***

La société civile du Nord-Kivu a été active et présente lors des travaux de consultation nationale. Elle n'y était pas partie mains vides mais stratégiquement alignée avec un consensus provincial aux fins de dégager des idées globales et prioritaires de la province dans la feuille de route consensuelle. L'objectif était de contribuer à la mise en place d'une réforme mettant en place des régimes fonciers dont l'accès à la sécurité foncière pour tous et une gestion durable et équilibrée dans le contexte de la globalisation. Il s'agissait aussi de répondre au besoin de sauvegarde sociale et à l'urgence climatique et d'assurer une utilisation durable de la terre en luttant contre la pauvreté.

Il fallait déjà avoir une concertation interne dégagée pour bien influencer les travaux des consultations et d'installation des groupes thématiques. Des priorités avaient été définies et des responsabilités reparties selon les groupes des travaux de carrefours.

Pour la petite histoire, c'était sous la facilitation de FAT que la société civile a tracé une stratégie souple et rapide selon les groupes de travail et les thématiques, suivant les objectifs et activités qui avaient été dégagés et des étapes à suivre de la feuille de route. Plusieurs organisations ont participé aux travaux en tenant compte de leur l'expertise et des thématiques de travail sur le foncier, dont l'environnement, les droits des petits exploitants agricoles, les droits fonciers des peuples autochtones pygmées. Il s'agit de l'ACEDH, du FAT, de l'AAP et Du

Programme d'intégration et de développement des peuples pygmées, PIDP.

Les travaux des consultations ont été suivis de l'atelier de mise en place et du déroulement des groupes thématiques. La société civile du Nord-Kivu y a assumé les postes de rapporteurs des groupes et contribué avec des pistes de solution sur les grandes questions et préoccupations provinciales qui figurent dans la feuille de route et ses outils de programmation.

1. Etapes retenues dans la feuille de route

Les consultations qui avaient pour finalité de travailler avec toutes les forces sociales en vue de doter le pays d'une politique foncière appropriée, qui lèvera les nouvelles options de gouvernance foncière et guidera l'élaboration des textes légaux et réglementaires et développer des réflexions qui abordent les autres aspects des régimes fonciers et suretés et aspects émergents. Les étapes suivantes ont été maintenues après les travaux de consultation sur la base des activités proposées :

- ✓ formulation d'une politique foncière ;
- ✓ révision de la loi foncière et harmonisation des textes juridiques en matière foncière et dans les secteurs associés ;
- ✓ conception des programmes de mise en œuvre et de mise en cohérence des responsabilités institutionnelles ;
- ✓ diffusion de l'information au public, formation et renforcement des capacités en appui à la mise en œuvre de la réforme.[32]

Tableau des actions définies pour arriver aux résultats par étape

Etapes	*Actions définies*
Formulation d'une politique foncière	✓ Mise en place d'une structure de pilotage et de coordination du programme de la réforme foncière ; ✓ Consultation des acteurs et identification des problèmes fonciers majeurs ; ✓ Préparation des documents de travail en vue des discussions ultérieures avec les acteurs ; ✓ Identification des options institutionnelles, financières et budgétaires ;

[32] Prof Mugangu Matabaro Severin : Notes de présentation Exposé de l'atelier national de Consultation sur la réforme foncière , Inedit

	✓ Polissage, examen et approbation de la politique foncière nationale.
Révision de la loi foncière et harmonisation des textes juridiques en matière foncière et dans les secteurs associés	✓ Analyse critique et évaluation du cadre juridique régissant le secteur foncier ; ✓ Préparation des drafts de projets de la loi de révision et projets d'actes réglementaires ; ✓ Organisation des consultations sur les projets de texte ; ✓ Examen des drafts de lois et règlements en Conseil des ministres ; ✓ Adoption et promulgation des lois de réforme du secteur foncier.
Conception des programmes de mise en œuvre et de mise en cohérence des responsabilités institutionnelles	✓ Enquêtes et consultations publiques en vue de l'élaboration d'un plan d'action opérationnelle ; ✓ Adaptatio d'un consensus sur les stratégies de mise en œuvre ; ✓ Conception et exécution des projets pilotes ; ✓ Validation du plan d'action et mobilisation des financements ; ✓ Redéfinition des compétences des services intervenant dans la mise en œuvre de la réforme foncière ; ✓ Création et opérationnalité d'une Agence de la mise en œuvre des programmes et projets ; ✓ Evaluation de l'impact du processus de mise en œuvre de la politique foncière.
Diffusion de l'information au public, formation et renforcement des capacités en	✓ Publication au journal officiel d'un recueil des textes relatifs à la réforme du secteur foncier ; ✓ Vulgarisation du recueil des textes ;

appui à la mise en œuvre de la réforme	✓ Renforcement des capacités des acteurs chargés de la mise en œuvre de la réforme : réactualisation des connaissances et renforcement de savoir–faire technologique

2. Objectifs des groupes thématiques et matières à traiter

Les groupes thématiques et un contenu des actions à mener avaient été définis. Il était convenu de tenir compte des articulations des autres documents de planification et du plan d'appui à la réforme foncière. Il y avait cinq groupes thématiques qui résorbaient les différentes questions et préoccupations de la société civile du Nord-Kivu, à savoir :

- ✓ le groupe thématique concernant les stratégies de renforcement des capacités et appui institutionnel à la CONAREF ;
- ✓ le groupe thématique sur l'administration foncière, les aspects transversaux et la coordination intersectorielle ;
- ✓ le groupe thématique relatif à la clarification de la tenure des terres, des outils de sécurisation foncière et de la gestion des conflits fonciers et immobiliers;
- ✓ le groupe thématique concernant les enjeux économiques, la fiscalité et la parafiscalité foncière ;
- ✓ le groupe thématique sur les questions émergentes, globales et stratégiques.[33]

Tout cela constituait déjà un succès de la société civile du Nord-Kivu dans les activités de plaidoyer et d'appui au processus. En outre, le contenu des matières à traiter rencontrait les demandes inscrites dans ses cahiers des

---

[33] CONAREF : Note d'orientation pour la mise en place et déroulement des travaux des groupes thématiques en RDC, avec l'appui GLTN, ONU-HABITAT, ministère des affaires foncières de la RDC, 2018 Page 3

charges, ses notes de positions et dans bien d'autres documents présentés à la CONAREF. Il s'agit des matières ci-après :

- ✓ approfondir les questions techniques qui s'inscrivent d'une manière générale dans la réforme foncière en cours et, plus spécialement, dans la formulation de la nouvelle politique nationale en matière foncière et de la loi qui en sera issue et formuler les recommandations nécessaires pour améliorer le processus ;
- ✓ assurer la revue des livrables émanant des activités phares menées dans le cadre de différents programmes, tels qu'ils sont identifiés et expliqués notamment dans la Stratégie opérationnelle de mise en œuvre du programme d'appui à la réforme foncière et dans d'autres documents structurants du processus de la réforme foncière, en discuter le contenu et les valider moyennant l'intégration des commentaires, observations et suggestions émanant des experts participants ;
- ✓ discuter les notes d'analyse spécifiques à chaque problématique proposée par les consultants recrutés ou par tout autre prestataire ;
- ✓ procéder à une évaluation ex-ante des objectifs assignés à la politique foncière ;
- ✓ discuter et approfondir toute autre question technique que le Coordonnateur du Secrétariat

permanent pourra leur soumettre, en tenant compte des objectifs de la réforme foncière.[34]

3. Emprise et l'influence de la société civile

Les organisations de la société civile du Nord-Kivu se sont alignées sur le processus de la réforme foncière en RDC en tenant compte des revendications, des éléments des cahiers des charges et des défis fonciers à surmonter. Depuis l'élaboration des documents de programmation, le lancement du processus, l'élaboration et la présentation de la feuille de route et de la lettre d'intention de politique du gouvernement jusqu'aux travaux de consultation et de validation des livrables du processus, la société civile du Nord-Kivu était présente pour influencer le gouvernement, le parlement et les commissions ad hoc. Autrement dit, elle n'a pas seulement été présente pour marquer une représentation mais pour amener des idées des communautés locales, des chefs locaux, des femmes, des enfants, des jeunes, des écosystèmes et des besoins en justice climatique et en interconnexion au moyen de la technologie.

Il faut souligner la contribution remarquable des experts du Nord-Kivu, des vétérans et anciens acteurs de la société civile comme **Christole Paluku Mastaki**, **Simplice Malembe** et **Raphaël Kasongo Kabusa**. Ils étaient déjà présents lors de la phase de planification de la politique foncière nationale. D'autres acteurs sont arrivés lors de l'atelier de Bukavu qui a levé des options après consultation.

Des réunions et contacts avec la CONAREF et les autres acteurs, des activités de présentation des cahiers des charges en dehors des rendez-vous et des ateliers officiels convoqués par l'ONU-Habitat et la CONAREF ont été organisés par la société civile du Nord-Kivu. Certains acteurs de la société civile membre de CACO ont toujours été désignés rapporteurs des travaux scientifiques et de facilitation des ateliers de la CONAREF.

Le résultat de cet apport et la marque de la société civile peuvent être observés déjà à travers les outils de programmation, les travaux de recherche, le diagnostic du secteur foncier, les travaux de consultations et dans toutes les versions de la politique foncière et le projet de la loi de modification.

Dans la partie suivante, nous allons présenter en substance l'apport concret de la société civile du Nord-Kivu dans le processus des réformes juridiques et institutionnelles dans les secteurs fonciers en RDC.

Chap II.
CONTRIBUTION CONCRETE DE LA SOCIETE CIVILE A LA FORME FONCIERE EN RDC

Il faut signaler que l'engagement juridique, politique citoyen de la société civile du Nord-Kivu en faveur du processus de la réforme foncière est un témoignage d'un besoin d'apporter une solution au contextuel très fragile ; inécure, intimement lié à la question de la gouvernance foncière. Mais aussi ce contexte est couplé à un sentiment patriotique et humanitaire profondément affecté par des désastres subis par les plus faibles à la suite des injustices foncières , accaparements des terres et évictions foncières par les forts contre les faibles.

La société civile du milieu a, depuis les années avant 2012, mis en œuvre des activités qui ont influencé les décisions, les opinions et les études en faveur de la réforme foncière ou de la réforme agraire. Pour démontrer la nécessité de cette réforme, elle n'a pas gardé silence mais elle a posé des actes et donné des propositions pour améliorer la gestion et la gouvernance foncière et ainsi éviter les erreurs du passé.

Section 1. Demandes et exigences phares de l'agenda de la société civile du Nord-Kivu, jalon de l'engagement pour la réforme

Il s'agit des demandes de la société civile, des communautés locales, des chefs coutumiers, des femmes, des jeunes, des peuples autochtones et des acteurs climatiques en vue d'influencer le processus de la réforme.

§1. Organisation autour d'une démarche collective éclairée et dynamique de plaidoyer, de lobbying et d'influence sur les pratiques et politiques foncières

Face à ces enjeux très lourds de conséquences sociales et aux urgences climatiques, la société civile du Nord-Kivu, la gravité de la situation et la profondeur de la conscience collective a pris par devant la question foncière. D'où des initiatives sociales, organisationnelles, ecclésiastiques, philanthropiques, coutumières, des pygmées, femmes, paysannes et jeunes qui ont inspiré la réforme foncière en RDC.

La société civile s'est appropriée les problèmes, les études et les faits pour apporter des réponses aux les préoccupations en déroulant des plans opérationnels aux réflexions multi-acteurs aux fins de résoudre lesdits problèmes.

Depuis 2012,, des réflexions, des propositions, des actions et des planifications s'alignant sur le plan de programmation de la réforme foncière ont été très intensifiées tandis que des actions de mobilisation ont été assurées pour légitimer la vision de la réforme. Il s'agissait de mobiliser la société civile du autour des grands défis à relever dans le domaine foncier pour la stabilité, la paix, l'Etat de droit et le développement durable au Nord-Kivu

L'agenda de la société civile du Nord-Kivu s'est inspiré non seulement des problèmes et contexte local mais aussi des planifications de programmation nationale et provinciale en matière foncière tout en tenant compte des préoccupations émergentes.

§2. Quelques demandes et messages inscrits dans l'agenda de la société civile

La Société Civile du Nord-Kivu posait des préoccupations qui avaient motivé ses actions de plaidoyer, de suivi et de mobilisation autour de la réforme foncière. Parmi ses demandes et axes d'intervention on peut citer :

- ✓ la protection et la sécurisation des droits fonciers des communautés locales;

- ✓ la reconnaissance des droits de propriété aux communautés locales sur le foncier qu'elles occupent depuis des années ;
- ✓ l'amélioration de la gouvernance foncière par la modernisation et l'assainissement de l'administration foncière et le renforcement de la transparence et de la responsabilité dans la gestion ;
- ✓ la responsabilité pénale des conservateurs en cas de faute prouvée lors du processus de délivrance des titres immobiliers ;
- ✓ la légalisation des expériences réussies dans la résolution des conflits fonciers à travers les méthodes alternatives et communautaires de gestion des conflits fonciers ;
- ✓ le renforcement des droits fonciers des femmes et des peuples autochtones pygmées ;
- ✓ la limitation du stock foncier à détenir dans certaines zones pour cause de justice foncière pro pauvres, urgences démographiques et climatiques ;
- ✓ la numérisation de l'administration et le recours à des outils des nouvelles technologiques ;
- ✓ l'Implication des recherches et études dans le processus décisionnel en matière d'affectation et gestion des terres ;
- ✓ l'harmonisation des textes et politiques d'autres secteurs impactant le foncier ;
- ✓ la légalisation et le renforcement de l'intervention des autorités coutumières dans la gouvernance foncière ;
- ✓ la valorisation des savoirs locaux dans l'impulsion des politiques et bonnes pratiques en matière des gestions des terres ;

- ✓ la protection et la conservation des terres rurales contre l'accaparement et l'urbanisation incontrôlée ;
- ✓ l'intégration des préoccupations environnementales et climatiques dans les politiques et lois foncières ;
- ✓ faire du foncier un moteur pour renforcer la production agricole, la création de l'emploi, la relance économique et la protection de la nature ;
- ✓ la mise en place d'une stratégie de conservation des terres pour les besoins de développement des infrastructures socio-économiques ;
- ✓ le renforcement de la décentralisation dans la gouvernance foncière ;
- ✓ la mise en place des politiques décentralisées de sécurisation et de contrôle des terres pro pauvres et le renforcement de la lutte contre la corruption dans l'administration foncière et judiciaire ;
- ✓ le renforcement des stratégies de sécurisation et de gestion des droits collectifs ainsi que des droits fonciers non titrés.[35]

Toutes ces demandes sont contenues dans les documents de plaidoyer et ont fait l'objet de tous les débats et échanges avec les décideurs, les PTF, les communautés locales, les chefs locaux, les OSC et les médias ayant un intérêt ou une influence sur le processus.

---

[35] Idées rassemblées à la suite des échanges et discussions dans les réunions préparatoires de stratégie de mise en commun des efforts lors des étaliers à Kinshasa et Bukavu entre les acteurs impliqués sur différentes formes d'intérêts fonciers (environnement, PA, petits exploitants agricoles , femmes, jeunes , résolution des conflits , stabilisations , judiciaires)sous la direction du CACO Nord-Kivu ……

Section 2. Grandes idées forces et apport de la société civile du Nord-Kivu

Nous exposons ici les grandes orientations des cahiers des charges et d'autres actions présentées par les acteurs de la société civile du Nord-Kivu pour influencer le processus de la réforme foncière. Nous allons plus parler des initiatives connues et directement attachées au processus formulé en termes de proposition d'options et idées à faire couler dans des cahiers des charges, de la note de position et de bien d'autres documents issus des travaux de consultations et échanges avec les couches sociales. Ces propositions font état des défis observés et des expériences pratiques des activités impactant la gouvernance foncière au Nord-Kivu.

§1. Cahier des charges des communautés locales

Les travaux importants qu'ont mené trois organisations de la société civile, à savoir, l'AAP, le FAT et le PIDP, ont porté sur la question foncière centrée sur les régimes fonciers applicables aux terres vis-à-vis des communautés locales, les résolutions des conflits et les droits des peuples autochtones ; …

Les organisations ci-haut évoquées ont déjà eu l'avantage, tout en suivant le processus et en y contribuant avec des actions de terrain sur différentes dimensions, de faire participer les communautés locales et les peuples autochtones au débat sur le processus de réforme. Elles ont mené des consultations locales avec l'appui des partenaires comme *American Jewish World Service* (AJWS), EPER Suisse et CCFD-terre et solidarité. Ces travaux ont constitué un apport significatif de la société civile du Nord-Kivu dans les actions de plaidoyer, lobbying et d'influence sur le processus de la réforme foncière et la production du droit.

L'ensemble de propositions qui avaient été harmonisées et validées lors d'un atelier organisé à l'Hôtel Ishango de Goma du 25 au 26 avril 2016, avant la reprise du processus de la réforme au niveau national. Plusieurs participants avaient pris part à cet atelier dont les représentants des organisations membres de CACO et de la coordination foncière du Nord-Kivu, les membres du Gouvernement provincial et de l'Assemblée provinciale, les agents de l'administration foncière, les autorités politico-administratives et coutumières, les experts fonciers, les leaders du Barza Intercommunautaire, les membres des associations féminines et les délégués des agriculteurs et éleveurs[36]. C'est donc un processus inclusif et participatif ayant permis de collecter les besoins et attentes de la population à la base.

Le cahier des charges des communautés locales du Nord-Kivu s'articule autour de 9 piliers qui sont en quelque sorte des idées réponses aux demandes de la société civile du Nord-Kivu.

---

[36] P*ar les ONGS membres de la coordination provinciale de CACO-Nord-Kivu : AAP, FAT et PIDP :* **CAHIER DE CHARGES HARMONISE DES COMMUNAUTES DU NORD - KIVU SUR LE PROCESSUS DE LA REFORME FONCIERE EN RD CONGO, juin 2016,**

Titre du tableau

Tableau explicatif

N°	Pilier ou orientations	Contenus à formuler en option ou droits
1	Clarification des droits et des concepts	❖ Définir et préciser le contenu de tous les termes savants et techniques dans la loi foncière ; ❖ Donner un nouveau contenu au concept « mise en valeur » ; ❖ Clarifier le statut des droits fonciers coutumiers.
2	Propriété foncière	❖ Mettre fin à la propriété exclusive de l'Etat sur le sol ; ❖ Subdiviser le domaine foncier national en terres du domaine public de l'Etat, terres du domaine privé de l'Etat et terres des communautés locales ;
3	Administration foncière	❖ Impliquer et reconnaitre les chefs coutumiers dans la gestion foncière locale ; ❖ Consacrer le droit au consentement libre, préalable et informé (CLIP) des communautés locales

		avant toute décision d'affectation des terres ; ❖ Instituer le droit à l'indemnisation préalable, juste, équitable et à la réinstallation des personnes ou des communautés avant l'exécution de toute décision d'expropriation pour cause d'utilité publique ou de tout déguerpissement d'un terrain occupé régulièrement ; ❖ Décliner le Service national de vulgarisation des lois aux niveaux des entités territoriales décentralisées (ETD); ❖ Rendre obligatoire la collaboration entre les différents ministères qui ont une incidence sur le foncier en créant une commission interministérielle ad hoc; ❖ Consacrer la responsabilité pénale et civile des agents de l'administration foncière pour les fautes volontaires commises

		dans l'exercice de leur fonction ; ❖ Eriger chaque commune et chaque chefferie/secteur en circonscription foncière
4	**Limites de terres**	Limiter les dimensions de terre à octroyer aux investisseurs en milieu rural tout en tenant compte de l'impact des projets sur la vie socio-économique des communautés locales.
5	Sécurisation foncière	❖ Reconnaitre la sécurisation foncière en partie double : l'attestation d'occupation coutumière pour les terres des communautés locales et le certificat d'enregistrement pour les terres cédées ou concédées du domaine privé de l'Etat ; ❖ Réorganiser les recours contre les certificats : ❖ Rendre inattaquable le certificat d'enregistrement régulièrement obtenu cinq ans après que la partie qui s'y oppose en ait pris connaissance ;

		❖ Attaquer en annulation et à tout moment, tout certificat obtenu frauduleusement ; ❖ Baisser le coût d'obtention des certificats d'enregistrement : en milieu rural, 10$ pour une terre d'une dimension d'au moins d'un ha et 5$ pour moins d'un ha. En milieu urbain, 20$ pour moins d'un ha et 40$ pour plus d'un ha. ❖ Reconnaitre la sécurisation foncière des droits collectifs : la possibilité d'octroyer des titres fonciers aux familles, aux clans et surtout aux regroupements des pygmées.
6	**Droits fonciers des peuples autochtones pygmées**	❖ Reconnaissance du fait que « sans des terres et sans accès aux ressources naturelles, les peuples autochtones pygmées Bambuti ne pourront survivre individuellement et collectivement au Nord-Kivu, leur mode de vie

		de nomadisme y étant devenu anachronique » ; ❖ Reconnaissance juridique des terres ancestrales des peuples autochtones pygmées Bambuti du Nord-Kivu qui ont fait d'eux « les premiers occupants » et c'est, en créant des « terroirs ou zones autochtones pygmées » dans la Province ; ce qui leur permettrait de s'organiser, de gérer leurs espaces selon les règles traditionnelles d'utilisation de la terre et de réaliser des progrès en termes de conservation des ressources naturelles ; ❖ Tenir compte de la valeur traditionnelle des peuples autochtones pygmés Bambuti en matière de sécurisation foncière ; ❖ Reconnaissance des droits collectifs à l'utilisation et/ou la possession des terres rurales des peuples autochtones pygmées Bambuti en adéquation avec les différents

		instruments juridiques nationaux et internationaux de protection et promotion des droits des peuples autochtones ; ❖ Participation des peuples autochtones pygmées Bambuti dans les commissions provinciales en vue de garantir la prise en compte de leurs revendications dans le processus de la réforme foncière en cours ; ❖ Mise en application des recommandations issues de l'examen périodique de la RDC au Conseil des Droits de l'Homme d'avril 2014 où le renforcement des droits fonciers des peuples autochtones a fait objet de l'engagement de la RDC (Recommandations 159 à 162) ; ❖ Consacrer la gratuité des titres fonciers pour les peuples autochtones pygmées : connaissant leur faible coût d'achat d'une part, et pour mettre fin aux

		spoliations et expulsions forcées de leurs terres ancestrales d'autre part, il serait souhaitable de leur octroyer gratuitement des titres fonciers. Ceci permettrait non seulement de sécuriser leurs droits fonciers mais aussi d'appuyer leur sédentarisation car, de plus en plus, ils vivent à côté des autres peuples qui les initient à l'agriculture.
7	Droits fonciers des femmes	❖ Etablir des titres qui accompagnent la parité ; ❖ Interdire formellement les pratiques foncières discriminatoires ; ❖ Baisser dans une moindre mesure le coût d'obtention des titres fonciers
8	Les préoccupations environnementales	❖ Rendre obligatoire le reboisement ; ❖ Réaliser les études d'impacts environnementaux des projets qui nécessitent l'utilisation des terres ; ❖ Mener une étude concertée sur l'espace qu'occupe le PNVi afin

		non seulement de régler le déséquilibre entre la croissance démographique et l'espace conservé et à la limite organiser des descentes des limites participatives Parc - population riveraine.
9	Résolution des conflits	❖ Mettre en place les instances non formelles comme phase obligatoire et préalable à la saisine des cours et tribunaux en matière foncière. ❖ Mettre en place les instances non formelles comme phase obligatoire et préalable à la saisine des cours et tribunaux en matière foncière.

[37].

§2. Contribution de l'ACEDH à la question de la gouvernance et de la gestion foncière en RDC.

A la suite des consultations menées au niveau de la base, l'ACEDH, avec l'appui technique et financier de l'IUCN Pays Bas, à travers le projet « Initiative synchronisée, gouvernance foncière, conforme à la sauvegarde du Paysage

---

[37] *Note Importante : Source de ces informations et les auteurs (ces informations sont tirées du cahier de recherche des communautés locales du Nord-Kivu dans un livret publié par AAP) produit des consultations menées par FAT, AAP et PIDP et validés par les délégués multi acteurs au Nord-Kivu*

Virunga / Programme GLA », a produit et partagé avec les acteurs et la CONAREF une note de position portant préoccupations émergentes centrées sur le regard des communautés locales et les besoins de conservation de la nature dans le Paysage Virunga. Avec des idées et de la philosophie orientées par le mandat de la protection de l'environnement et des droits fonciers locaux, la note évoque une vision paysanne centrée sur un concept, à savoir : « pour une réforme foncière réelle et adaptée aux besoins des droits locaux, un foncier anthropocentrique pro pauvres et gage de l'urgence climatique en RDC, Nord-Kivu / Paysage Virunga ».[38]

Les réflexions étaient un échange d'expérience avec des experts des pays comme le Madagascar, le Nigeria, Edouard en RD Congo, les Etats-Unis d'Amérique, les Philippines, l'Ouganda, le Nigeria et la Guinée. L'appui financier était assuré par les partenaires de l'IUCN/Pays Bas et d'ELAW/Etats-Unis d'Amérique.

D'autres échanges avec les partenaires CB10 de l'Initiative International Land Coalition ILC, travaillant avec l'Aide Action pour la Paix AAP dans des pays comme le Cameroun, le Sénégal, le Tchad et le Madagascar, ont muri les réflexions de terrain et les questions de la conservation de la nature.

---

[38] Rédigé et présenté par ACEDH, les avocats verts et autres acteurs impactant la gouvernance foncière : Note de position des acteurs et communautés locales impliqués et intéressées sur la question de la Gouvernance et gestion foncière en RDC Nord-Kivu / Paysage Virunga : Non à l'hypocrisie législative et une loi unique, oui à une loi adaptée aux aspects émergents, urgence climatique et les pratiques foncières et réalités sociales, Page 1, ACEDH, 2019

Tableau relatif à la synthèse des orientations proposées dans la note de position

- Il faut ramener sur la table la question des droits de propriété foncière en faveur des communautés locales en laissant au Gouvernement les compétences régaliennes avec monopole de gestion, d'orientation, de reprise du foncier.
- La limitation du stock foncier dans les périmètres à l'intérêt de la conservation ou les endroits à forte pression démographique ou forte biodiversité.
- L'instauration du principe de double titrisation, un titre conforme au droit écrit et un titre sur les terres coutumières.
- Affirmer une logique de gestion décentralisée avec l'instauration des guichets fonciers et des registres fonciers locaux.
- Impliquer les chefs coutumiers dans la gestion des terres coutumières.
- Réglementer le flux des marchés fonciers locaux car on ne pourra pas imaginer seulement des droits sans fonciers alors que sans l'existence du foncier, il est impossible de réfléchir sur les droits y relatifs.
- Mettre en place des dispositifs facilitant la transparence et la bonne gestion des terres avec une sensibilité sur les impératifs environnementaux.
- Institutionnaliser les mécanismes alternatifs de résolution des conflits fonciers et en faire

une des étapes préalables avant la saisie d'une quelconque instance judiciaire.

- Instaurer une politique foncière centrée sur des objectifs clairs et des résultats. Cette politique foncière doit être anthropocentrique et sensible à la protection de la nature, de l'homme, de ses droits, de son développement et de son environnement. Ces préoccupations doivent être au centre des objectifs visés par la gestion du foncier.
- Mettre sur pied des plans d'occupation et de gestion du foncier adaptés au contexte de la participation citoyenne de manière globale.
- Réfléchir sur la mise en place des chambres spéciales chargées de règlement des conflits fonciers et environnementaux dans les cours et tribunaux avec des juges spécialisés sur ces questions.
- Capitaliser les initiatives impliquant la nouvelle technologie dans la sécurisation du foncier, la lutte contre la corruption, le suivi du respect des normes sur l'urgence climatique pour tous les travaux ainsi que la lutte contre le racisme environnementale dans le monde rural par les multinationales, l'exploitation foncière par les grands détenteurs des terres et les grands capitalistes étrangers ou mixtes.
- Instituer une instance judiciaire spécialisée (Tribunal, Cour et Parquet) sur les questions foncières, la justice environnementale et l'urgence climatique sa composition devra inclure des experts ou praticiens aux fins d'épauler les juges de droit commun comme

cela est le cas pour les juridictions en matière commerciale.

- ❖ Mettre en place une législation responsable, adaptée, actualisée et contraignante en matière de directives et suivi d'investissements étrangers en milieu rural et imposer les obligations foncières locales.
- ❖ La société civile, les sociétés commerciales et les structures publiques devront assurer le suivi permanent, institutionnel ou extra-institutionnel dans le respect des valeurs sociales et environnementales, de la transparence et de la justice foncière en toute procédure.

Tableau relatif aux éléments du contenu de la note de position et des commentaires

Une politique foncière avec des objectifs découlés dans la législation

- ❖ **Justification et commentaires de l'optique proposée**

Bien qu'un document des politiques ou une loi, les objectifs de la gouvernance et gestion foncière sont très importants à planifier pour que les décisions à prendre soient fondées sur un but, un résultat au sein de l'administration foncière, pour quel objectif et quel résultat les acteurs agissent-ils ?

S'inspirant des analyses, des régimes fonciers des différents Etats, des défis spécifiques et ambitions de la RDC, les objectifs centrés sur les éléments suivants sont envisageables et définis comme pilier.

- **Participation démocratique des citoyens, y compris les peuples autochtones et justice foncière**

Justification et commentaires de l'optique proposée dans la note

Pour la question de la participation des membres de communautés locales dans la phase et processus de la planification, sécurisation y compris les reformes des aspects connexes, il faut un plan spécifique pour chaque province, ville, chefferie chargée d'élaborer des plans d'occupation et d'usage des terres. Un autre Comité ou structure nationale décentralisée jusqu'au niveau local chargée de la supervision des terres devra être mise en place. La participation des citoyens devra être un préalable dans l'émission des titres et affectation des titres des projets ainsi que les travaux publics. Il sera également nécessaire que le gouvernement puisse avoir un comité chargé de suivi et d'évaluer l'implication des citoyens et mettre en place des initiatives chargées d'encourager la participation du public dans la Planification, la définition des politiques et octrois des concessions d'exploitation des ressources. La prise en compte des voix des femmes, jeunes, pygmées et autres catégories des paysans devra être un de cheval de bataille pour tous.

- **Sécurisation du patrimoine foncier Pro pauvres et légitimation des procédures locales**

Justification et commentaires de l'optique proposée dans la note

Les options et lois devraient donner une ouverture juridique établissant un titre foncier coutumier jouant le même rôle qu'un certificat d'enregistrement. Le monopole accordé au seul certificat d'enregistrement comme titre de sécurisation ne facilite pas une sécurisation démocratique, pro pauvres et transparente des droits fonciers ruraux.

Ce titre coutumier devra couvrir les terres des communautés locales et devra être considérée comme un acte de certification des droits légitimes reconnus à l'individu. Les terres urbaines aussi pourront être sécurisées par le certificat dont les procédures, délais et coût accessible à tous. Un guichet foncier à chaque municipalité ou collectivité devra être installé pour archiver les titres, pour garder et faciliter l'accès aux informations à toute personne requérante en cas d'un processus de mutation des droits fonciers, et ceci éviterait les fraudes et escroqueries dans les domaines.

- **Connecter la science, la nouvelle technologie aux décisions en matière de gestion et gouvernance foncière :**

Justification et commentaires de l'optique proposée dans la note

Dans le but de sécuriser et savoir le stock foncier existant et identifier les avoirs fonciers exploitables et non exploitables, les habitables et non habitables, y compris les types d'exploitation ou investissement à faire, les avis des scientifiques doivent concourir aux orientations citoyennes et éclairer toutes les ordonnances et décisions en lien avec la gouvernance foncière. Les aspects connexes doivent faire référence à des préalables avis scientifiques. La science et la technologie doivent faire partie des outils qui orientent la gouvernance foncière.

La politique doit désormais annoncer les éléments de planification, de l'utilisation et de l'affectation des terres : la loi et le document des politiques devront décrire dans leurs objectifs les procédures de base en République Démocratique du Congo selon les réalités locales. Un lot d'options pourra aider à définir une planification à l'échelle Nationale et les planifications intermédiaires, c'est-à-dire locale. Les décisions de l'utilisation et affectation des terres devront se faire conformément à un plan directeur participatif et concerté. Ces plans doivent être basés sur des "informations factuelles"; que les plans et ordonnances locaux soient coordonnés avec ceux des autres juridictions et agences. Qu'ils soient susceptibles d'être révisés périodiquement et que les modifications s'effectuent selon les urgences.

- **Contribuer au règlement des conflits professionnels, individuels et inter groupes dans la gestion et contrôle des ressources foncières en légitimant et en renforçant les mécanismes locaux de règlement pacifique des conflits liés à la pêche, terre, élevage, habitat, énergies, agriculture et forêts, eaux,….**

Justification et commentaire de l'optique proposée dans la note

La question de l'eau divise les agriculteurs dont, de fois, certains en veulent pour irriguer les champs alors que les autres ne veulent pas qu'on y touche pour protéger les poissons. D'autres encore en veulent pour avoir des barrages hydroélectriques. Sur la terre, la même « guerre » existe. De ce fait, il faudra des Cours et Tribunaux spécialisés avec des experts en la matière.

- **Conservation foncière précisant les domaines économiques de l'Etat, l'habitat, installation publique et service, Transport et énergie**

Justifications et commentaires de l'optique proposée dans la note

Identifier les terres et espaces à conserver pour les besoins futurs en termes d'investissement public et les projets d'intérêt général. Des réserves des terres et ressources connexes doivent faire l'objet d'un plan de conservation et protection aux fins de faire face aux besoins d'investissement, logement et les espaces dédiés aux infrastructures de communication et transport.

Par exemple, comme l'Etat a de fois besoins des ambitions diversifiés, la terre aussi devra avoir cette configuration dans sa gouvernance. Elle doit faire appel à la diversification et l'identification des terres pouvant contribuer à l'amélioration de l'économie publique, le développement des investissements fonciers et immobiliers de la Communauté locale et ou nationale. Un patrimoine foncier devra être conservé par les collectivités pour des fins utiles.

Les acteurs devront inventorier les terres à destination des activités commerciales, des investissements agro pastoraux, les terrains industriels, des projets à éventuels besoins futurs pour ces terres, et les collectivités doivent avoir un plan de zonage pour ces terres aux fins de répondre à ces derniers. La terre et son utilisation doivent correspondre aux types d'énergies utilisées soient favorables aux besoins et principes de conservation et de l'économie durable.

- **Protéger et respecter : les terres agricoles, terres forestières, terre à destination récréative, scientifiques et ressources naturelles diverses**

Justification et commentaires de l'optique proposée dans la note

Bien qu'en RDC il existe la Loi agricole, le Code minier, le Code forestier, et bien d'autres lois, ces ressources rentrant dans le domaine foncier, la politique foncière, la loi foncière doivent avoir des objectifs clairs et précis sur comment la terre qui porte ces aspects connexes doit être sécurisée. Comment elle doit faire l'objet d'inventaire physique et qualitatif, tracer les grandes lignes pour sa préservation et maintenance qui pourraient se faire par des zonages. Des terres à usage forestier doivent être conservées et des comités stratégiques de préservation de ces forêts doivent être mis en place.

- **Les aires protégées, les îles, les espaces à forte biodiversité, les espaces à hauts risques nécessitent des options pour une gestion spécialisée.**

Justification et commentaires de l'optique proposée dans la note

La nouvelle politique foncière de la RDC doit avoir une stratégie spéciale de gestion et gouvernance foncières spécifique sur les espaces ayant des aires protégées limitant le stock foncier, facilitant le zonage et adaptant l'exploitation au contexte des aires protégées. Pour les îles, étant donné qu'une ile est un écosystème souvent fragile sous menace, l'exploitation des ressources foncières et autres ressources devront avoir des règles spécifiques pour éviter des dégâts écologiques dans le futur. Il en est de même des milieux à forte biodiversité. Les terres privées à intérêt Public doivent aussi jouir d'une certaine attention privilégiée en termes de stratégie de gestion.

- **Une nécessité de redéfinir et donner un contenu clair, réel et juste ou modifier l'article 53 de loi du 20 juillet 1973 portant régime général des biens, régime foncier et immobilier et régime des suretés telle que modifiée et complétée par la loi N° 80-008 du 18 juillet 1980**

Justification et commentaires de l'optique proposée dans la note

En RDC les terres sont régies par la Loi n°073-021 du 20 juillet 1973 loi dite foncière, modifiée et complétée par la loi du 18 juillet 1980. Cette Loi institue le principe de l'Etat propriétaire Exclusif du sol et du sous-sol et en même temps dans les dispositions de l'article 53 et suivant elle institue les droits des communautés en vertu de la coutume et dans les zones rurales et péri-urbaines. Plus de 70% de terres sont occupées en vertu du droit coutumier et peuvent affirmer et servir de preuve que le droit coutumier domine le droit écrit d'où la coexistence d'une propriété privée et un droit de propriété de l'Etat.

Le sol, dispose l'article 53 de la loi du 20 juillet 1973 portant régime général des biens, régime foncier et immobilier et régime des sûretés est la propriété exclusive, inaliénable et imprescriptible de l'État. Dans les pratiques, les faits et les mentalités paysannes semblent démystifier la portée juridique de cette disposition, ce qui exige une réflexion profonde et rigoureuse pour éviter une réglementation au grand fossé d'effondrement entre les pratiques locales et ce que dit la loi. Lisant aussi l'article 19 de la loi portant principes fondamentaux relatifs à l'agriculture : « L'exercice collectif ou individuel de ces droits ne fait pas l'objet d'un certificat d'enregistrement. » vient en quelque sorte renforcer et légitimer les pratiques communautaires centrées sur les droits fonciers coutumiers non titrés, souvent vilipendées par les praticiens du droit, qui confirme la possibilité d'avoir des droits sans avoir un certificat d'enregistrement. C'est une affirmation légale même si celle-ci aussi n'apporte pas une solution en titre des mécanismes de sécurisation. Bien plus, les différentes transactions qualifiées par hypocrisie de cessions sont en quelque sorte une marchandisation du foncier, un présumé locataire du fait de la loi vend la terre mieux cession des droits fonciers et l'acheteur devient locataire de l'Etat lui aussi quand il veut, revend à quelqu'un d'autre sans qu'il ne soit inquiété par l'Etat, dit propriétaire. Ceci est de fois matière à réflexion et nécessite un débat sans passion.

Le sol et sous-sol appartiennent à l'Etat et l'esprit des dispositions des articles 34 de la Constitution de la RDC instituant les droits à la propriété privée collective et individuelle acquise conformément à la loi ou à la coutume. Et l'article 9 de la Constitution de marteler que l'Etat exerce une souveraineté permanente notamment sur le sol, le sous-sol, les eaux et les forêts, sur les espaces aériens, fluviaux, lacustres et maritimes congolais ainsi que sur la mer territoriale congolaise et sur le plateau continental.

Les modalités de gestion et de concession du domaine de l'Etat visé à l'alinéa précédent sont déterminées par la loi.

L'article 34 de la Constitution du 18 février 2006, telle que modifiée dispose : « La propriété privée est sacrée. L'Etat garantit le droit à la propriété individuelle ou collective acquis conformément à la loi ou à la coutume.

Il encourage et veille à la sécurité des investissements privés, nationaux et Étrangers.

Nul ne peut être privé de sa propriété que pour cause d'utilité publique et moyennant une juste et préalable indemnité octroyée dans les conditions fixées par la loi.

Nul ne peut être saisi en ses biens qu'en vertu d'une décision prise par une autorité judiciaire compétente ».

Le nouveau constituant Congolais devra constater en vertu des dispositions légales et constitutionnelles les faits suivants :

Tirer les conséquences du principe de la propriété découlant de la coutume (article 34) et de la protection pénale constitutionnelle des moyens de subsistance (articles 56 et 57)

Article 56 : « Tout acte, tout accord, toute convention, tout arrangement ou tout autre fait, qui a pour conséquence de priver la nation, les personnes physiques ou morales de tout ou partie de leurs propres moyens d'existence tirés de leurs ressources ou de leurs richesses naturelles, sans préjudice des dispositions internationales sur les crimes économiques, est érigé en infraction de pillage punie par la loi ».

Article 57 : « Les actes visés à l'article précédent ainsi que leur tentative, quelles qu'en soient les modalités, s'ils sont le fait d'une personne investie d'autorité publique, sont punis comme infraction de haute trahison»

L'Emergence d'un marché spéculatif sur le foncier, en dépit du fait que c'est un bien hors commerce (propriété exclusive, inaliénable, imprescriptible) : qu'est-ce qu'on vend ? Qui vend ? A quel titre ? L'on se trouve dans un marché non légalement reconnu où le locataire s'érige en vendeur et vend le bien à un acquéreur, qui continue à le louer auprès du vrai propriétaire par le biais de la redevance / taxation foncière ; et après l'Etat avalise les actes. Bien que pour le Juriste et sur base d'une hypocrisie juridique l'on fournit un effort pour faire croire aux gens qu'on ne fait que céder les droits d'usage ou d'occupation mais dans la pratique et dans l'agir du Congolais paysans, il s'agit d'une vente et achat de la terre, malgré que la terre n'est pas déplaçable mais elle quitte en quelque sorte les mains du paysan A vers un paysan B. D'ailleurs dans une certaine mesure, les instances judiciaires congolaises ont donné des jurisprudences dans lesquelles dans les débats l'on semble confirmer même la thèse d'une vente.

Face aux enjeux fonciers galopants, l'explosion démographique, l'insécurité, les marchés fonciers de plus en plus à la une et les impératifs d'une justice environnementale, climatique et la nécessité croissante d'une politique de conservation, la question de la gouvernance foncière et forestière doit impérativement s'inscrire dans le processus de développement, de modernisation et de sécurisation des droits fonciers des tous y compris les plus pauvres sans plus voir l'aspect des fiscs mais plus tenir compte de la stabilité, la sécurité, la paix et le développement social.

Selon l'article 101. De la loi dite foncière la concession perpétuelle ne peut prendre fin que pour l'une des causes ci-après :

1) l'expropriation pour cause d'utilité publique;
2) le rachat par l'État, lorsque la concession est à titre onéreux;
3) la renonciation expresse et écrite du titulaire du droit ou de ses ayants-droit;
4) la résiliation conventionnelle ou judiciaire;
5) la reprise aux conditions contractuelles;
6) la déshérence successorale;
7) la prescription extinctive;
8) la conversion en un titre de concession ordinaire.

Ici la question que l'on se pose au point 2, mais aussi face aux préalables en droit administratif Congolais dans la procédure d'expropriation pour cause d'utilité publique, il est vrai que l'on pose le postulat selon lequel l'Etat doit indemniser l'occupant, il doit le consulter…c'est la même philosophie mise en place dans les différents cadres juridiques Congolais (code minier, code forestier.) où l'on exige à tout exploitant de consulter et avoir l'accord des communautés locales.

La question que l'on peut se pose est celle de savoir pourquoi aller voir quelqu'un alors qu'il n'est qu'un simple locataire et que le propriétaire présumé ne pouvait avoir que le droit de le sommer à quitter le lieu endéans une période pour lui fixé ?

Quelque part l'Etat reconnait le droit de propriété des gens mais se dote le monopole de reprise et du préalable sur la terre. Sur le point 2, pourquoi l'Etat propriétaire peut encore procéder au rachat par l'État, lorsque la concession est à titre onéreux ? Encore ici l'on constate que la notion de marché foncier apparait en cachète. Bien que les juristes diront qu'on achète les droits et non la terre, ce qui est faux dans la conception citoyenne de la chose.

Dans la doctrine classique du foncier et dans la pratique même, l'on constate que légalement la propriété foncière n'existe pas, mais en pratique, les trois attributs du droit de propriété existent dans le chef de l'occupation d'un fond foncier en RDC : il est clair pratiquement établi que le détenteur des droits fonciers est propriétaire de son droit qu'il exerce sur le fonds dont ce dernier constitue l'assiette. Son droit est onéreux et peut en disposer dans tous les attributs du droit de propriété. Quant au fonds, seul l'Etat est propriétaire, mais c'est une propriété « sui generis » : voir l'article 100 de la loi foncière '

S'il faut entendre par propriété un droit réel conférant toutes les prérogatives que l'on peut avoir sur un bien, traditionnellement, on distingue, trois attributs :

- L'usus : est entendu comme le droit de détenir et d'utiliser une chose. Disons qu'ici le problème ne se pose pas étant donné que ce droit est reconnu au concessionnaire par la loi.
- Le fructus qui est le droit de percevoir les fruits sur le sol donné en concession, il est aussi reconnu légalement au concessionnaire.

- Quant à l'abusus : il s'agit du droit de disposer par la vente ou par la destruction matérielle.

En analysant les pratiques, on peut se rendre compte que la propriété empotée de l'abusus telle que prônée par le législateur n'est qu'une illusion, étant donné que :

1° Le concessionnaire congolais dispose de son sol lui concédé par l'Etat en cédant tout ou partie de l'espace sur lequel il détient un titre. N'est-ce pas que celui qui détient 50 Mètres peut en céder 25 Mètres ou le tout à celui qu'il veut, moyennant un prix et ce, au profit de l'acquéreur qui désormais peut obtenir un nouveau titre et le vendeur devenant ancien propriétaire en perdant tout droit sur ledit titre. Bien que sur le plan juridique, l'on dit qu'on cède les droits mais pratiquement et psychologiquement, l'on se pose des questions, surtout avec l'évolution et le développement du marché foncier, l'on peut se dire qu'il s'agit en réalité d'une disposition qu'il faudra adapter.

En vendant le fond, est ce que l'on vend matériellement les droits ? Est ce qu'on achète les titres comme acte en simples papiers ou le paysan sait qu'il a acheté la terre. Et dans la pratique Judiciaire, certaines questions même porteuses de confusion, se font poser en ce terme, où avez-vous acheté cette terre ?

Avez-vous un acte de vente ? Juridiquement c'est un débat clos mais sociologiquement, c'est une question importante que les gens se posent qui semble être une question phare dans la sécurisation. Comment un locataire de l'Etat vend les biens qui appartiennent à l'Etat à un deuxième locataire de fois sans même l'intervention de l'Etat.

Un autre aspect non pris en compte dans la législation existante et peut être dans nombreuses notes tendant à contribuer à la mise en place d'une réforme foncière est celle liée au boom de l'immobilier dans des grands centre urbains où la forte densité démographique a été à la base de plusieurs progrès dans l'architecture.

C'est le cas de celui, disposant d'une parcelle sur laquelle il érige une maison en étages subdivisés en appartements. Il a la liberté de vendre un ou plusieurs appartements. La question qui se pose est celle de savoir la nature de titre dont pourront disposer les acheteurs des appartements à l'étage.

En plus, quel serait le niveau de sécurisation de leurs propriétés vis- à-vis de leurs vendeurs qui disposeraient du certificat d'enregistrement en son nom sur le foncier ou se retrouvant au rez-de-chaussée ? Les propriétaires des appartements en l'étage peuvent-ils hypothéquer ?

Nous estimons que la réforme foncière devra bien tenir compte de cette innovation naturelle et obligatoire en cette période où le marché immobilier a atteint un niveau élevé.

2° Quant à la destruction matérielle : on peut se demander ce qu'il faut attendre par ceci, quand il s'agit du sol. Mais s'il s'agit d'y creuser ou d'y tracer des ouvrages encore ici on peut se dire que c'est chose faite couramment, étant donné que les minerais s'y creusent, les fosses septiques, ou encore les trous profonds pour l'implémentation des matériaux de construction, les conduites d'irrigation …

Constatons qu'en décrétant la propriété amputée de l'abusus, il visait plutôt à atteindre l'état psychologique des congolais, mais aussi il ne faisait que refuser ce qui n'est pas faisable naturellement.

Sur le plan naturel : simplement parce que la terre ne peut être vendue comme un bien mobilier en la déplaçant ou en la faisant disparaitre, si cela est le sens qu'il faut donner à l'abusus du législateur, on dira tout simplement que rien de nouveau n'a été apporté à la législation coloniale, car même à l'époque coloniale, personne ne pouvait déplacer la terre qu'il soit congolais ou belge.

Sur le plan psychologique : on peut dire que le législateur visant à faire croire au congolais qu'il a un droit limité, pourtant dans la pratique, il fait tout avec ce droit-là.

En renforçant l'analyse contenue dans ces propos, disons que même le fait pour le législateur de conditionner l'expropriation à un certain nombre, des conditions, il ne fait que dire que le droit de propriété concédé est total car ne pouvant pas être retiré que moyennant certaines conditions si ce droit était incomplet l'Etat reprendrait tout sans se soumettre à ces conditions. Il en est de même lorsque l'Etat veut réquisitionner un bien mobilier appartenant au particulier, il se soumet à certaines conditions.

Disons que ce droit de propriété sur le sol revêt une petite exception par rapport à sa source et à sa transmission qui à tout prix doit impliquer l'Etat, et ce de par la volonté du législateur. Souvent, c'est cet aspect qui fait croire à l'exclusivité du droit de propriété, mais il s'agit d'une simple mesure de contrôle sur les transactions qui se font sur le sol. Que l'Etat peut reprendre son sol sans demander l'avis de l'actuel occupant, il suffit que l'espace puisse revêtir un intérêt ou une utilité publique.

Ces deux aspects sont aussi relatifs à l'option retenue par le législateur en fonction de la politique du moment, à part le dernier qui est un motif valable de s'approprier le droit de reprise. D'où à notre avis, au lieu de parler du droit exclusif et inaliénable de propriété, le législateur parlerait plutôt du monopole exclusif de reprise du sol, contrôle de gestion par l'Etat ou alors du privilège de l'utilisation du sol par l'Etat, lequel privilège est commandité par l'utilité publique. Car toutes les terres appartiennent à quelqu'un soit à l'Etat soit à des citoyens y compris même les terres traditionnelles.

Eu égard de tout ce qui précède, les communautés locales et l'ACEDH veulent qu'il y ait dans la nouvelle Politique Foncière :

- **Une nécessité de redéfinir et donner un contenu clair, réel et juste ou modifier l'article 53 de loi du 20 juillet 1973 portant régime général des biens, régime foncier et immobilier et régime des suretés telle que modifié et complété par la loi N° 80-008 du 18 juillet 1980**

Justifications et commentaires de l'optique proposée dans la note

Dans la pratique, quand on parle de l'Etat, théoriquement l'Etat est composé du Gouvernement, Population et territoire. Mais dans l'interprétation, on semble plus donner la place juste au seul Gouvernement ou pouvoir public ; tout en oubliant les autres éléments de l'Etat.

Cette disposition devrait être modifiée en disant par exemple : Le sol et le sous-sol appartiennent au peuple / ou la nation et le Gouvernement possèdent le privilège de son usage et le droit de préemption en cas de reprise, distribution, gestion et orientation dans la gouvernance des fonciers et ressources connexes. Ceci pourrait faciliter les droits à la propriété foncière.

Le droit à la terre étant un droit humain, le Gouvernement pourrait jouer un rôle régulateur de la gestion et gouvernance du foncier. On ne peut pas imaginer un droit foncier sans qu'il y ait un fond foncier. En toute hypocrisie on veut faire croire aux gens qu'il est possible de jouir des droits mais sans avoir un fond.

D'où nous estimons qu'il y a urgence et nécessité d'insérer un point relatif à la priorité environnementale au sein de l'article 12 de l'ordonnance 74- 148 du 02 juillet 1974 telle que modifiée à ce jour. Mais aussi renforcer des conditionnalités visant à protéger les espaces contigües aux aires protégés

En son article 12, cette ordonnance donne les critères déterminant la priorité d'obtention des concessions en cas de concurrence pour l'attribution des parcelles et c'est au, regard de l'usage donné auquel elle est destinée. Nous pensons qu'à l'époque, la question environnementale n'avait pas encore pris l'ampleur qu'elle a à ce jour, d'où la possibilité d'insérer un point lui offrant une priorité dans les critères qui orientent l'autorité quant au règlement d'une concurrence soulevée autour de l'obtention des concessions.

Ainsi, au regard de son importance, une concession sollicitée pour un usage environnemental devrait recevoir de préférence aux autres usages (résidentiels, industriels, agricoles, élevage…).

Cette priorité se justifie par le fait que les autres usages sont directement liés à des activités pouvant menacer l'environnement, tandis que le concessionnaire qui sollicite un terrain pour le mettre au service de la protection environnementale sera plutôt utile aux concessions qui lui sont voisines en leur offrant une nature (paysage) bien entretenue sans pouvoir entraver la jouissance paisible des autres usagers. Cela est renforcé par l'argument qui place la protection environnementale en priorité dans les objectifs pour le développement durable, actuellement socle devant guider les autorités dans toute décision utile à prendre.

Déjà cette position semble avoir été adoptée par la loi n°11/022 du 24 décembre 2011 portant principes fondamentaux relatifs à l'agriculture qui contient tout un titre portant sur la protection environnementale regroupant plusieurs articles à son tour. Ainsi on peut être satisfait de voir que le législateur a pris des mesures qui tendent à conditionner que toute exploitation agricole se fasse en conformité avec le respect de l'environnement.

D'où à l'article 66 qui stipule : « L'exploitant agricole industriel produit une étude d'impact environnemental et social avant la mise en valeur de sa concession. Et aux autres articles de poursuivre que : L'étude d'impact environnemental et social est réalisée conformément à la législation sur la protection de l'environnement ». (Article 67) : « Le ministre ayant l'environnement dans ses attributions procède à un audit de toute activité ou tout ouvrage agricole présentant un risque potentiel pour l'environnement et la population dans les conditions définies par la loi ». (Article 68) : Sous réserve des droits d'usage forestier reconnus aux communautés locales, les activités agricoles sont interdites dans tout site ou aire protégée (Article 69). L'Etat, la province et l'entité territoriale décentralisée prennent des mesures préventives en vue de protéger l'environnement et la santé contre des dommages éventuels découlant de certaines pratiques agricoles et de l'utilisation de certains produits chimiques dans l'agriculture.

A cet effet, le Gouvernement central met au point un système d'homologation des produits chimiques avant commercialisation, basé sur l'évaluation et la gestion des risques et met en place un mécanisme de surveillance et de prévention des risques majeurs et des calamités agricoles (Article 70).

Le Gouvernement veille à ce que la mise au point, l'utilisation, le transfert et la libération dans l'agriculture des organismes génétiquement modifiés et des pesticides se fassent de manière à éviter ou à réduire les risques pour l'environnement et la santé. Il veille également à ce que certaines pratiques agricoles n'aient pas d'impact négatif sur l'environnement et la santé. (Article 71)1.

Cette position exprimée parlà, donne d'une manière plus ou moins claire une primauté à la protection environnementale vis-à-vis des activités agricoles, si bien qu'il y a lieu de dire qu'aucune autre activité ne peut avoir plus de valeur que l'agriculture pourvoyeuse de nourriture à l'homme. On dirait en quelque sorte qu'aucune loi future soit –elle ne saurait être adoptée sans donner priorité à la protection environnementale.

Il faudra aussi créer des spécificités en termes des limitations d'exploitation, cessions et quantité du stock foncier dans les endroits à fort risque environnemental, endroit proche des aires protégées mais aussi les espaces à forte démographie. Une gestion et gouvernance spécifique bien adaptée sur les terres d'île et presqu'île devrait être prise en compte dans la nouvelle Politique en RDC pour éviter la sur exploitation des écosystèmes très fragiles.

La limitation par la loi du stock foncier devant être possédée par une personne physique ou morale et l'interdiction de la thésaurisation foncière dans le système du marché foncier. La pénalisation de l'accaparement des terres.

L'individualisation et la pénalisation de la responsabilité du conservateur des titres immobiliers lorsqu'il a posé des actes manifestement de mauvaise foi.

En parcourant la loi dite foncière, il n'y a nulle part où le législateur fait allusion à la limitation du stock foncier devant être détenu par les personnes candidates à l'acquisition des terres en RDC. En RDC les petits exploitants agricoles ont des sérieux problèmes avec des grands concessionnaires possédant des terres souvent non mises en valeur en face des petits paysans sans terres mais prêts à cultiver.

D'où à ce jour, tout citoyen détenant des moyens financiers suffisants et animés des velléités féodales est à mesure de s'acheter autant de kilomètres carrés de terre pourvu qu'il se fasse appuyer par les agents de l'Administration foncière et qu'il soit politiquement bien positionné. La question se pose ainsi, qu'adviendra-t-il au cas où tout un groupement, un quartier, une commune, ou une collectivité seraient détenus par une seule personne ? Y acceptera –t – il l'installation d'une quelconque autorité publique ? Et si oui, cette dernière pourra –t –elle exercer ses fonctions en toute liberté et objectivité ? Car à la limite, le propriétaire devra avoir un mot à dire sur certaines questions.

De notre avis, la théorie de la limitation du stock foncier peut s'expliquer comme cette possibilité qu'a une personne de se procurer des droits fonciers sans aller au-delà d'une limite donnée en termes soit d'hectares en milieu rural soit d'ares dans les milieux urbains.

Dans la théorie de la limitation, nous pensons que son adoption doit s'appuyer sur les critères suivants :

Limitation en termes d'étendue ou espace à détenir par personne ;

Limitation en termes de nombre des lopins des terres à posséder par personne au sein d'une même circonscription administrative de la plus petite à la plus grande ;

La sanction à une mesure pareille se ferait par la domanialisation pure et simple des lopins de terre ayant été acquis au-delà de la limite fixée.

Illustrons la théorie par un exemple : un monsieur pris individuellement peut acquérir des terrains partout en RDC ne dépassant pas les dimensions ci-après :

- au sein d'une même Avenue 25 ares pour une parcelle résidentielle 100 ares pour une parcelle à usage commercial ou industriel (ceci est calculé en additionnant tous les lopins de terre qu'il détient déjà), cette limite est portée au double au niveau du quartier, au triple au niveau de la commune. Elle est quadruplée au sein d'une même ville. D'où une personne aura droit à 400 ares au sein d'une même ville mais devra s'abstenir de les acheter au sein d'une seule avenue. Et s'il arrivait que cela se produise, la personne aura perdu le droit d'acquérir un nouveau lopin de terre au sein de cette ville, il en sera de même pour les avenues, quartiers et communes. Ceci n'est qu'un exemple. Si la théorie passe, elle devra d'abord tenir compte des statistiques liées à l'évolution démographique des villes et du pays ainsi que des grandes propriétés détenues actuellement par les concessionnaires.

- **Instituer la suprématie foncière sur les autres aspects connexes et mettre en place des stratégies de certification et sécurisation adaptées et conformes aux pratiques locales et les usages judiciaires.**

La valeur du sol sur les autres ressources qui y sont souvent incorporées devrait en principe faire de sorte que la terre ait une suprématie sur les autres ressources, comme le minier, forestier, agricole... Une fois, la politique confirmera le droit de propriété sur le sol, une conséquence logique devrait être de confirmer une primauté visant à accorder une valorisation en toute négociation sur l'occupant de la terre avant d'y mener d'autres activités. Ceci pourrait sécuriser les paysans qui sont victimes de spoliation des espaces par les exploitants forestiers et miniers.

Pour ce qui est des titres certifiant l'occupation ou les droits, l'ACEDH voudrait que le seul Certificat d'Enregistrement ne soit pas retenu comme seul titre justifiant les droits fonciers en RDC. Bien que celui-ci puisse être maintenu, il faudra à ce qu'au niveau des villages ou dans les entités coutumières, l'on reconnaisse que les autorités coutumières peuvent accorder aux membres des communautés locales des actes de certification des occupations des terres coutumières. Car le certificat dans sa conception actuelle n'est pas accessible aux plus pauvres.

Il faut instituer deux alternatives voir même trois possibilités pour obtenir les actes :

Le certificat d'enregistrement : zone urbaine ;

Acte de certification des droits réels coutumiers : terres coutumières agricoles ;

Certificat des droits fonciers Coutumiers / Rural ou péri urbain ;

La possibilité de justifier des droits fonciers traditionnels non titrés acquis sur base de la coutume, la loi pourrait reconnaitre à l'individu la possibilité légitime de prouver ses droits par occupation, témoignage, la possession et sur base de ceci, l'administration coutumière pourrait lui accorder un titre pour renforcer son lien avec l'Etat ;

Ici le certificat ne doit plus être compris comme l'acte par lequel on prouve nécessairement les droits fonciers qu'on a, mais il pourrait être pris pour les nationaux et les ayants droits coutumiers comme un acte certifiant les droits qu'on a et son lien vis-à-vis de l'Etat qui a le monopole de la reprise. Les droits des paysans existent avant l'obtention des papiers et souvent ces papiers ne viennent jouer un rôle que lors qu'il y a contentieux où lorsqu' on veut céder, ou contracter un prêt ou toutes autres actions tendant en mettre les droits en position de mutation ou cession.

- **Instituer des Guichets Fonciers Locaux** : ces guichets fonciers locaux pourront être attachés aux entités décentralisées et pourront non seulement délivrer les titres en faveur des demandeurs mais aussi servir des espaces de protection et stockages des actes fonciers ou d'archivage des titres. Ces guichets pourront travailler avec l'administration foncière et les autres services impactant sur le foncier. Ils pourront en outre aider à maintenir un registre foncier local et un plan simple d'occupation foncière.

Ce registre foncier pourrait avoir à la fois un dispositif juridique avec la mise en place des charte foncières locales et les édits provinciaux leur confèrent un caractère opposable à tous, spatial avec la cartographie des occupations et institutionnel avec la mise en place d'un service foncier communautaire pour l'accès aux informations foncières locales.

Réglementer et formaliser les marchés fonciers : Bien que niés légalement, il sera important que la politique puisse reconnaitre le fait que les ventes des terres et les achats sont une réalité. Bien que semblant juridiquement impossible, en réalité, il se développe un marché foncier à la une. Les enjeux fonciers actuels et les ambitions démesurées de la bourgeoisie urbaine sur la marchandisation des terres rurales. D'où la nécessité de réglementer et d'intégrer ces aspects dans la nouvelle législation et politique foncière.

- **Connecter la Politique Foncière, autres Instruments juridiques et institutionnels du foncier sur le conducteur de l'urgence climatique, la lutte contre les économies du racisme environnemental et la néo-colonisation/esclavage foncie**r

Face aux liens naturels existant entre la terre et l'environnement, la nouvelle politique foncière, les différents textes légaux et les institutions impactant la gestion foncière et les urgences climatiques, les outils juridiques et les instances de mise en œuvre doivent prendre en considération les paramètres climatiques. La nouvelle loi tout en tenant compte des impératifs liés à la bonne gestion de l'environnement, elle devrait pénaliser les comportements racistes que manifestent certaines entreprises étrangères visant à faire usage des terres des paysans sans respects des droits ni des exigences sanitaires ou environnementales bien que dans leurs législations , ce comportement serait interdite, la plus part des multinationales par racisme écologique, pratiquent des actes honteux portant atteinte à la santé et vie des communautés locales en dévastant les écosystèmes. D'autres personnes ou entreprises ayant légalement ou illégalement accumulées des terres, en font usage pour soumettre à des traitements inhumains en l'espèce d'esclavage ou colonisation des paysans n'ayant pas des terres.

Cette pratique devra être interdite totalement et la gouvernance des liens d'économie collaborative entre les détenteurs des terres et les sans terres devrait être soumise à des règlementations spécifiques, édictées, suivies par les autorités foncières locales et soumises un contrôle juridictionnel adapté et spécialisé en la matière.

Aux vues de la complexité de la question foncière et l'urgence climatique face aux grands défis environnementaux et le foncier , pour une bonne maîtrise et un contrôle effectif et efficace de la légalité et de la légitimité , bien qu'on pourra maintenir les mécanismes alternatifs de résolution des conflits fonciers parmi les options fondamentales de la réforme, il est plus que normal d'envisager la mise en place d'une instance Judiciaire spécialisée sur les questions foncières, l'urgence climatique et l'assurance environnementale et sociale des actions des sociétés et entreprises sur les terres des communautés locales.

Capitaliser les initiatives impliquant la nouvelle technologie dans la sécurisation du foncier, la lutte contre la corruption mais aussi le suivi du respect des normes sur l'urgence climatique pour tous les travaux ; il faut instituer une instance judiciaire spécialisée (Tribunal, Cour et Parquet) sur les questions foncières, justice environnementale et urgence climatique mais aussi la lutte contre le racisme environnemental dans le monde rural par les multinational, l'exploitation foncière par les grands détenteurs des terres et les grands capitalistes étrangers ou mixtes. Sa composition devra aussi inclure des experts sur les questions à traiter en instance appelé pour l'effet ou nommer pour cette cause aux fins d'épauler les juges de droit commun comme cela est le cas pour les juridictions en matière commerciale.

Mettre en place une législation responsable, adaptée, actualisée et contraignantes en matière de directives et suivi d'investissement étranger en milieu rural et les obligations foncières locales.

La société civile, les sociétés commerciales et les structures publiques devront assurer le suivi permanent, institutionnel ou extra institutionnel dans le respect des valeurs sociales, environnementales, la transparence et justice foncière en toute procédure.

§3. **Contributions de l'UCBC/Beni à l'application de la technologie et les outils sociaux dans la gestion foncière et appui à la réforme**

L'UCBC est partenaire des structures internationales comme UN-Habitat et GLTN. Elle est une université implantée à Beni, qui a beaucoup contribué au processus de la réforme foncière. Dans les travaux de planification, l'Université assure l'appui à l'administration foncière, à l'exécution des programmes test sur la numérisation, la mise en place du Registre foncier participatif et au système d'information foncière, au renforcement de la commission foncière de l'Ituri, aux études de référence dans les zones CAFI. Des études, consultations multi acteurs et des formations de l'administration foncière ont été organisées dans 13 provinces de l'Est de la RDC, à Kinshasa et à Maindombe. Trois expériences pilotes de la mise en place d'un service foncier communautaire dans l'esprit de la politique foncière nationale ont été facilitées notamment dans les provinces de l'Ituri, de Maindombe et du Tanganyika. Ces expériences ont alimenté le document de politique foncière nationale ainsi que le projet de loi en cours d'examen au parlement.

Cette institution a donc joué un rôle fondamental dans la conduite du processus de la réforme foncière en RDC. Il faut souligner ici que l'UCBC avait été sélectionnée comme Agence locale d'exécution (ALE) du programme de la réforme foncière au niveau national par la CONAREF et UN-HABITAT.

En termes d'idées et d'apports, nous pouvons retenir les points ci-après comme héritage de l'UCBC dans le processus directement lié à la production du document de politique nationale foncière et de l'élaboration des textes des lois, à savoir :

- ✓ Organisation des consultations multi acteurs autour du document de politique foncière dans 13 provinces à l'Est de la RDC. Les contributions des consultations ont été discutées au niveau national et contribué à affiner et améliorer la première version du document de politique et ainsi assurer la considération des desiderata et des particularités de chaque province dans l'élaboration du projet de loi ;
- ✓ UCBC a facilité l'organisation des retraites d'écriture et la mobilisation des experts nationaux pour la discussion et la consolidation de toutes les contributions des provinces dans le document de politique afin de produire la version 2 de la politique ;
- ✓ UCBC a contribué à l'organisation de l'atelier national de validation du document de politique foncière nationale ainsi qu'à l'atelier national de validation du projet de loi ;
- ✓ UCBC a facilité l'étude de référence sur la tenure foncière en Ituri ;
- ✓ UCBC a développé, à partir des expériences pilotes de terrain visant la sécurisation des terres des communautés locales, 11 guides méthodologiques à l'intention des administrations foncières, des

communautés locales, des gouvernements et des acteurs de la société civile. Nous pouvons citer :

- le guide méthodologique de la mise en place du Registre foncière communautaire dans une ETD ;
- les mécanismes alternatifs de résolutions des confits (MARCs) au niveau national et provincial (Ituri et Maindombe) ;
- les stratégies provinciales de gestion foncière adaptée au contexte (niveau national et provincial (Ituri) ;
- les lignes directrices de ce qu'est une bonne politique foncière nationale ;
- le guide méthodologique de la mise en place d'un système d'information foncière dans une circonscription foncière ;
- le guide méthodologique de mise en place d'un comité foncier local ;
- le manuel d'utilisateur du système d'information foncière.

✓ UCBC a facilité le développement de 3 chartes foncières locales au niveau des ETD et de 3 édits provinciaux (en cours dans le Tshopo, l'Ituri et le Tanganyika) ;

✓ UCBC contribue au débat dans l'alignement des interventions foncières avec les interventions du programme intégré REDD+ dans les provinces à enjeux REDD ;

✓ UCBC contribue au développement de la stratégie provinciale d'intervention foncière ;

✓ UCBC contribue dans la vulgarisation des textes issus de la réforme foncière dont la politique foncière nationale, les chartes foncières locales, les projets d'édit et le projet de loi

§4. Apports du réseau CREF par les consultations des acteurs locaux et chefs coutumiers sur le processus de la réforme foncière

Le réseau pour la conservation des écosystèmes forestiers (CREF) avait mené des consultations dans les territoires du Nord-Kivu avec des acteurs locaux et des chefs coutumiers. Des idées forces issues de ces travaux une note complémentaire avait été versée à la CONAREF. Ces idées devaient être prises en compte par les documents à produire et les institutions issues de la réforme.

Section 3. Engagement de la société civile dans la production du droit et des outils d'amélioration de la gouvernance foncière

Une province instable mais jadis province verte, avec des territoires à l'époque greniers de la République à cause de la production agricole et de l'élavage, le Nord-Kiv a dramatiquement changé à cause des conflits essentiellement liés à l'exploiation illicite et à l'accaparement des minerais. Par exemple, le territoire de Masisi qui était une zone verte est devenue une zone rouge à cause des conflits et des minérais de sang. Les conflits identitaires sont également liées en partie à des considérations foncières et des aspects connexes.

§1. Héritage du passé de la société civile manifestant l'engagement citoyen sur la gouvernance foncière

Il importe de signaler que la société civile du Nord-Kivu a engagé des actions orientées autour de la problématique foncière pour apporter des contributions dans les solutions envisagées pour arriver à stopper l'instabilité, les conflits identitaires, l'insécurité alimentaire, la lutte contre le chômage rural, la pauvreté et la lutte contre le manque de logement.

Des acteurs nombreux, nationaux et internationaux ont apporté des contributions. Leurs actions peuvent être résumées en axes suivants

Tableau indicatif de certains acteurs intervenants dans le domaine

Listes des actions / Interventions	Quelques acteurs OSC
❖ Education, formation et accès à l'information sur les droits fonciers ; ❖ La résolution pacifique des conflits fonciers et pastoraux ; ❖ La mise en place et renforcement des comités locaux d'intervention dans l'amélioration de la gouvernance foncière et résolution des conflits ; ❖ Production des études et analyses juridiques sur les droits fonciers locaux ; ❖ Vulgarisation des textes des lois et accompagnement des petits exploitants agricoles ; ❖ L'éducation des femmes paysanne dans l'agriculture durable ; ❖ Les études sur l'impact de la démographie sur la biodiversité dans le Parc des Virunga ; ❖ L'appui à l'administration foncière ❖ Règlement des conflits entre concessionnaire et grands concessionnaires ; ❖ Mobilisation autours de bonne gestion des régimes de pêche ; ❖ Sensibilisation de forces armées pour lutte contre	❖ Aide action pour la paix, AAP ; ❖ Forum des amis de la terre, FAT, ❖ Programme Intégré pour le développement des peuples pygmées ❖ Action solidaire pour la paix ; ❖ Alerte Congolaise pour l'environnement et les droits de l'homme, ❖ CEPED ; Centre d'Education pour la protection de l'Environnement et le développement Durable, ❖ Université Chrétienne Bilingue du Congo, UCBC Beni ; ❖ FOPAC (Fédération des Organisations de Producteurs du Congo), ❖ La Commission épiscopale et les

l'exploitation et trafic illicite de la faune et flore sauvage et prévention des conflits fonciers violents ; ❖ Appui à l'accès aux droits et à la justice ; ❖ Appui à la réforme judiciaire et mise place des outils fonciers pro pauvres ; ❖ La mise en place d'une instance locale de gestion, médiation et conciliation autour de l'accès à la terre ; ❖ Encourager des cadres de concertation et de coordination sur le foncier ; ❖ Etude de faisabilité sur le glissement de la population ; ❖ Accompagnement des femmes et PA sur l'accès à la terre ; ❖ Foresterie communautaire et protection des droits locaux ; ❖ Observatoire de l'action foncière dans les sites miniers ; ❖ Formation des acteurs judiciaires et agents de l'administration foncière sur la gouvernance responsable, transparente et durable des régimes fonciers ; ❖ Monitoring sur les procès fonciers ; ❖ Echange d'expérience et voyage de vivre les pratiques des autres au niveau régional ;	commissions, diocésaine et paroissiale Justice et Paix (CEJP, CDJP, CPJP) ❖ Le Barreau du Nord-Kivu et le Corps des défenseurs Judiciaires, ❖ LOFEPACO : Ligue des organisations des femmes paysannes du Congo ❖ FDAPID ; ❖ R . CREF ; ❖ Save Comunity in Conflict ❖ CRONG (Conseil Régional des Organisations Non Gouvernementales) Nord-Kivu ; ❖ Coordination foncière ; CACO ❖ SYDIP (Syndicat de Défense des Intérêts des Paysans ❖ Bureau Diocésain du Développement, Caritas, Commission diocésaine Justice et Paix, BDD : ❖ ICCN (Institut Congolais pour la

❖ La numérisation et délimitation participative ; ❖ Planification foncière participatif ❖ Plaidoyer, lobby et campagnes médiatiques ; ❖ Codification des pratiques foncières coutumières selon les secteurs administratifs ; ❖ Sécurisation des droits collectifs et les entreprises paysannes immobilières …	Conservation de la Nature), WWF (avec l'appui de bailleurs de fonds dont l'Union Européenne) ❖ *Les organisations des Nations Unies pour la réinstallation* ❖ ***UNHCR, MONUC, PNUD, ONU- HABITAT,*** ❖ *Les bailleurs de fonds : l'Union Européenne et les coopérations bilatérales* ❖ L'Ambassade de France, l'Union Européenne, ambassade des Pays Bas, Coopération Suisse, Norvège, Angleterre, des es ONG Internationale ❖ IUCN Pays-Bas, RRI, ILC, Alerte Internationale, EPER SUISSE, RFN, REJUSCO, ISSSS MONUSCO, NRC, …

Les actions menées ont non seulement apporté des solutions extra institutionnelles ou institutionnelles autour de la gestion et de la gouvernance foncière, la résolution pacifique des différends et la planification foncière. Elles ont incité les décideurs, les bailleurs des fonds et d'autres acteurs à différents niveaux à comprendre les défis, les effets, la nécessité et l'urgence d'appliquer les recommandations des acteurs de la société civile et en faveur d'un plan de réforme juridique et politique foncière. L'UN- Habitat a été une des agences des Nations unies qui a beaucoup travaillé directement sur cette question foncière au Nord-Kivu depuis 2009 avec les partenaires locaux et les autorités congolaises.

Ces activités sur la gouvernance foncière, les alertes, les rapports et les annonces des populations et des acteurs sociaux au Nord-Kivu ont été portés par la société civile dans sa pluralité. C'étaient en partie des facteurs déclencheurs de la réforme en RDC.

§2. Résultats au niveau politique et social en province et incidence sur le processus de la réforme

Les actions des acteurs de la société civile du Nord-Kivu ont donné des résultats qui ne sont même pas arrivés à stabiliser totalement la situation de la crise foncière. Mais l'on peut souligner certains résultats atteints, notamment :

- ✓ le lancement du processus global de la réforme foncière en RDC et au Nord-Kivu ;
- ✓ L'installation officielle et la signature de l'acte juridique de désignation des animateurs de la coordination provinciale de la CONAREF/Nord-Kivu ;
- ✓ la production et l'adoption au niveau national du document politique foncière[39] ;
- ✓ L'adoption du Programme Politique Publique provinciale foncier et Management du territoire P3

[39] CONAREF : Document de politique foncière de la RDC, 2021 versions finales.

FAT[40], de la feuille de route pour la réforme foncière et l'aménagement du territoire pour le Nord-Kivu, appuyée par les partenaires nationaux et internationaux, le Gouvernement provincial et la CONAREF ;

- ✓ la mise en place des coordinations et sous-coordinations foncières, structures manifestant l'engagement politique provinciale aux fins de discuter et rechercher des solutions sur les questions foncières avec tous les acteurs ;
- ✓ la possession des documents référentiels et études de faisabilité dans le domaine foncier ;
- ✓ l'appropriation sociale et communautaire de la question foncière ;
- ✓ l'intégration des acteurs de la société civile dans les échanges, plans et actions politiques impactant le foncier et l'environnement ;
- ✓ L'engagement de la communauté internationale sur la question foncière la stabilité, la conservation et l'énergie au Nord-Kivu ;
- ✓ la prise en compte de la dimension environnementale dans la gestion foncière ;
- ✓ la facilitation de l'accès à la justice en faveur des plus vulnérables ;
- ✓ la prise en compte de la question foncière dans les autres réformes, notamment le code de la famille, la loi sur les peuples autochtones, le code minier, le code forestier, le programme REDD+, le Fonds CAFI, et le désarmement, démobilisation et réinsertion sociale DDRS ;
- ✓ la prise en compte du pilier foncier comme moteur de stabilité et de cohabitation pacifique, de la paix et du

[40] Nord-Kivu : Pan Provincial des politiques publiques foncières et aménagement du territoire

développement dans les programmes prioritaires du Gouvernement et le cadre de stabilisation[41] ;

- ✓ les discussions sur les défis fonciers en lien avec la sauvegarde social et la protection du Parc des Virunga dans les différentes conférences et négociation sur la paix et la sécurité au Nord et Sud Kivu ;
- ✓ l'engagement de UN –Habitat et du Gouvernement congolais et l'option d'un compromis dans les conflits opposant la masse d'anciens ouvriers et les grands concessionnaires dans les territoires de Masisi et de Rutshuru ;
- ✓ l'appui des programmes fonciers et agricoles par plusieurs ambassades établies ne RDC comme celle des Pays Bas ;
- ✓ l'émergence d'une mobilisation régionale et nationale sur la question des défenseurs des droits fonciers et de l'environnement avec un accent sur le foncier ;
- ✓ la participation à plusieurs programmes sur la paix et la question d'accès à la terre des leaders et notables ex rebelles dans la cité de Kitshanga ;
- ✓ la tenue des réunions entre les représentants des anciens ouvriers et les gérants des concessions.[42]

§3. Présentation de la feuille de route de la Coordination provinciale CONAREF/Nord-Kivu et ses liens avec le processus national

La feuille de route du processus de la réforme au Nord-Kivu pour la mise en œuvre du P3-FAT est articulée sur six piliers divisés en axes stratégiques d'intervention. Les

---

41 ONU-HABITAT : Programme ISSS : Njia ya Makubaliano , Rapport des activités des intervenants dans la Zone de stabilité de Kitshanga , 2019 ? PAGE é

42 COSMAS MUNGAZI : Crédit et Troc foncier : les anciens ouvriers salut le projet, in Flambeau de l'Est , Page 1, 2021

activités sont alignées dans le plan national et ont un lien avec le processus national de la réforme foncière.

L'expertise nationale à la Commission de la réforme foncière et les outils produits par cette dernière sont des matières du plan opérationnel provincial. Les activités ont été planifiées sur trois ans et forment le plan d'orientation provinciale des actions foncières au Nord-Kivu.

AXES STRATEGIQUES ET ACTIVITES TRIENNALES

AXES STRATEGIQUES ET ACTIVITES TRIENNALES	
Axe 1 : Opérationnalisation de la Coordination provinciale/CONAREF	Axe 2.: Elaboration et adoption de la stratégie provinciale de gouvernance intégrée des secteurs du foncier et de l'aménagement du territoire (P3-FIAT – Stratégie provinciale)
Organisation d'une session d'installation de la CP/CONAREF et adoption de la feuille de route de la CP CONAREF/NK	Organisation des études préparatoires à l'élaboration des documents cadre : de la nouvelle stratégie de gouvernance foncière, de l'Aménagement de Territoire et stratégie provinciale de développement durable.
Tenue des réunions stratégiques semestrielles avec les PTF sur le suivi des actions en cours au niveau des membres CP CONAREF en lien avec le processus de la mise en œuvre de la réforme foncière	Appui à l'élaboration participative et inclusive des documents de la nouvelle stratégie de la gouvernance foncière, de l'Aménagement de Territoire et stratégie provinciale de développement durable. Stratégie de mise en œuvre de l'édit, mesures d'exécution et chartes fonctionnelles types
Organisation de la réunion trimestrielle de	Evaluation du processus P3I-FAT/NK

suivi des indicateurs clés de mise en œuvre des activités en cours au niveau du Comité de Pilotage de la CP CONAREF	
Appui aux sessions trimestrielles d'information et de formation des animateurs & membres de la CP CONAREF sur les outils en collaboration avec la CONAREF	Accompagnement des membres dans le déploiement du développement de stratégie provinciale
Coordination des interventions des services impliqués dans la gestion du domaine foncier et de l'Aménagement du Territoire de l'Etat ; CP CONAREF réfléchit sur la coordination décentralisée notamment via des GT de travail dans les ETD	
Suivi & évaluation des activités au niveau de la CP CONAREF (P3I-FAT, SIF,...)	
Organisation d'une session d'installation de la CP CONAREF et adoption de la feuille de route de la CP CONAREF/NK	
Axe 3 : Adoption des mesures transitoires pour l'amélioration du management des	**Axe 4: Communication stratégique et apprentissage sur la dynamique de la mise en**

circonscriptions et brigades foncières	**œuvre du DPFN et de la PNAT, de la loi et des Edits**
Initiation d'une réunion sur l'appui institutionnel à l'opérationnalisation des Administrations foncières adaptées au contexte dans la dynamique de la réforme foncière en collaboration avec les structures membres désignées : présentation du guide	Appui méthodologique à l'élaboration des stratégies de communication dans la vulgarisation des outils du processus de la réforme foncière (DPFN, PNAT, Loi, Edit, autres textes et supports utiles...)
Etablissement de l'état de lieu de l'administration foncière en province du Nord-Kivu, étude comparative de l'existant par rapport aux besoins d'une administration foncière adaptée au contexte dans la dynamique de la réforme foncière	Accompagnement du processus de capitalisation des performances, leçons apprises et bonnes pratiques au niveau des membres de la CP CONAREF et d'administration provinciale
Élaboration d'un référentiel type d'emplois et des compétences d'une circonscription foncière	Appui au processus de développement des outils d'apprentissage et diffusions des bonnes pratiques en matière foncière en province
Session d'appropriation des plans stratégiques de renforcement des administrations foncières au plan organisationnel et technique ;	Gestion de la communication interactive avec le site web de la province et de la CONAREF dans le partage d'information
Recyclage du personnel technique et managérial sur les textes relatifs à leur statut, leur cadre	Plaidoyer pour un appui multimédia aux structures de communications des ETD

organique spécifique, le fonctionnement des services publics de l'Etat en général et les techniques modernes en matière de cadastre	
Formation focalisée des agents de l'AF sur l'éthique et la déontologie professionnelle en collaboration avec les structures nationales appropriées ;	Appui méthodologique à l'élaboration des stratégies de communication dans la vulgarisation des outils du processus de la réforme foncière (DPFN, PNAT, Loi, Edit, autres textes et supports utiles...)
Plaidoyer pour un appui approprié du processus de vulgarisation de la loi et de la fiscalité foncières	Axe 5 : Organisation et opérationnalisation du dispositif de mise en œuvre de l'édit foncier &Ressources naturelles
Evaluation des besoins en équipements par la CP CONAREF ;	Plaidoyer auprès de l'Assemblée provinciale en faveur d'un édit provincial sur base des expériences terrain SIF et RFC
Plaidoyer pour la dotation des circonscriptions et brigades foncières en instruments techniques en vue de la numérisation du cadastre ;	Accompagnement des études préparatoires à l'élaboration des mesures d'exécution de l'édit (le cadre réglementaire de mise en œuvre)
Elaboration et adoption d'un chronogramme d'activités pour l'application des mesures transitoires à la mise en œuvre de la feuille de route de la réforme foncière :	Appui à la vulgarisation des outils SIF/RFC guide (un manuel des procédures foncières à l'usage des intervenants dans la gestion foncière décentralisée telle qu'organisée par l'édit et ses mesures d'exécution)
Initiation d'une réunion sur l'appui institutionnel à l'opérationnalisation des	Accompagnement des membres engagés dans l'élaboration

administrations foncières adaptées au contexte dans la dynamique de la réforme foncière en collaboration avec les structures membres désignées: présentation du guide	participative et adoption des chartes foncières locales
Etablissement de l'état de lieu de l'administration foncière en province du Nord-Kivu, étude comparative de l'existant par rapport aux besoins d'une administration foncière adaptée au contexte dans la dynamique de la réforme foncière	Appui stratégique à la province dans le montage d'un système de financement de la mise en œuvre de l'édit :
Élaboration d'un référentiel type d'emplois et des compétences d'une circonscription foncière	
Axe 6: Suivi &Evaluation de mise en œuvre de la PFN et de la PNAT	
Définition des indicateurs de succès (voir plan de renforcement organisationnel et institutionnel au niveau national de l'administration foncière et CP CONAREF)	
Elaboration d'outils de monitoring de la performance des services et des agents	

Opérationnalisation d'un système de suivi en ligne (logiciel ad hoc) des indicateurs clés retenus d'une part par la CONAREF avec l'administration foncière et les CP CONAREF, et d'autre part les indicateurs retenus dans la PNAT	
Organisation des sessions semestrielles de validation des résultats au niveau de CP Province	

L'inclusivité a facilité la participation réelle et active de la société civile du Nord-Kivu. Les actions de cette dernière ont beaucoup contribué au processus de la réforme foncière, depuis le déclenchement du processus jusqu'à la production des documents voulus comme livrables finaux.

Chap III.
SUCCES DES ACTIONS POUR UNE GOUVERNANCE DES REGIMES FONCIERS DANS LE PROCESSUS DES REFORMES JURIDIQUES ET INSTUTIONNELLES EN RDC

Le processus de la réforme foncière est une option politique des autorités congolaises. Celles-ci ont ainsi répondu aux demandes sociales venant de toute la RDC.

Section 1. Demandes de la société civile en faveur d'une réforme

Le succès principal et partagé de la société civile est le fait d'avoir conduit des travaux de terrain en relevant les défis, les grandes tendences et les conflits majeurs dans la société. Ces activités ont servi d'un argumentaire démocratique et citoyen qui a finalement conduit le politique à lever le choix de la réforme du secteur foncier.

Par exemple, les études de base du Réseau des ressources sur l'innovation menées par Christole Paluku Mastatki et consorts, les études de la Banque mondiale et d'autres activités ont facilité la mise en place d'une stratégie pour la réforme et de la mise en place des plateformes des OSC.

Aussi, il faut savoir dans l'hitorique de cette réforme foncière que le programme ONU-Habitat est exécuté en RDC et a eu les primières informations sur les questions foncières qui ont catalysé la réforme au Nord-Kivu. C'est une ressource de la société civile du Nord-Kivu (Christol Paluku Mastaki) de l'AAP et Oumar Sylla d'ONU-Habitat, avec le concours de bien d'autres experts fonciers, qui ont implimenté les activités du terrain à Masisi et Rutshuru. Le programme foncier a documenté les initiatives locales et formulé les recommandations qui ont été prises et partagées aux fins de motiver la réforme.[43]

Le succès capital pour la société civile c'est le fait que les grandes recommandations générales issues des ateliers et réunions sur les questions foncières ont été acceptées et adoptées par les décideurs congolais pour améliorer la gouvernance foncière en RDC. Des grands experts fonciers, comme le professeur Severin Mugangu Mataboro,[44] ont conduit des réflexions et des consultations sur le foncier avec la société civile du Nord-Kivu entre 2007 et 2010.[45] Un autre expert qui a contribué au processus de la réforme c'est le Coordonnateur de la CONAREF, Maître Dieudonné Akilimali Ngwasi.

La réorganisation de la société civile en plusieurs coalitions (CACO) qui a pour mandat le suivi du processus de la réforme foncière et l'adhesion des acteurs à cette stratégie aux fins de coordonner et fédérer les énergies ont été un facteur de succès dans le plaidoyer et le lobbying.

§1. Réforme foncière pour une gouvernance transparente, responsable et durable des régimes fonciers

Qu'est-ce que la gouvernance foncière responsable et transparente ? Elle consiste à agir de façon visible comme prévu et avec compréhension. Il s'agit de partager les informations et d'agir de manière ouverte. L'élément pivot, c'est la transparence qui est une manifestation des droits fondamentaux, à l'instar du droit des personnes à recevoir des informations et de participer aux décisions touchant leur vie.

---

43 ONU HABITAT : Offre d'emploi recrutement des animateurs fonciers basés à Kitshanga 2009, page 1 ? offre publié par UN HABITAT

44 AAP : Rapport de l'atelier sur la problématique foncière, tenue à Goma, inedit, 2008, page 2

45 Christol Paluku Mastaki et Consort : Etude Juridique sur le foncier , 2008, AAP, Page 5

Qu'est-ce qu'on doit rendre transparent dans une gestion foncière ? Les éléments de la transparence sont :

✓ La politique, les lois, les réglementations, les chartes, les codes, les règles, etc., qui doivent être disponibles pour le public;

✓ La transparence structurelle, c'est-à-dire les réglages organisationnels et le processus de prise de décision;

✓ La transparence fonctionnelle : brochures d'informations et répertoires qui aident à savoir qui fait quoi, qui est responsable de quoi, qui traite les demandes et qui prend les décisions ;

✓ Le processus et procédures qui fournissent les brochures d'informations, les listes de contrôle, les guides, les formulaires, etc., qui spécifient les étapes, le temps requis pour terminer le processus et les moyens d'accès, y compris les voies de recours ;

✓ Les installations et bureaux qui doivent être ouverts au public. Il faut aussi des visites périodiques et des journées portes ouvertes doivent avoir lieu périodiquement ;

✓ es données / informations ;

✓ L'acceptation des données compréhensibles et accessibles et des informations fonctionnelles collectées, traitées et mises en application (droits d'affectation des terres, converties, louées, titrées ; valeur des terres ; utilisation des terres ; taux d'impôts, etc.);

✓ Les informations incomplètes, dépassées ou données mal organisées créent l'incertitude et des risques à la fois pour l'institution et les utilisateurs.[46]

---

[46] ACEDH : Rapport atelier sur la transparence dans la gouvernance foncière, lutte contre les crimes environnementaux dans le Paysage Virunga en faveur de la société civile, Magistrats, agents de l'administration foncière, Goma, Bakanja, 2017, page 5

Etant donné les défis majeurs à relever, une bonne gestion foncière se fait sur base des principes ci-après :

- ✓ La transparence : agir de façon visible, naturellement et comme prévu ;
- ✓ La responsabilité : culture de l'impunité à bannir ;
- ✓ L'engagement civique : faciliter la participation active de tous les groupes, le dialogue et la recherche du consensus ;
- ✓ L'efficacité et l'efficience : règles et procédures simplifiées, centrées sur le service ;
- ✓ La primauté de la loi : application rigoureuse et impartiale des lois, règles et procédures ;
- ✓ L'équité en faveur des démunis ;
- ✓ L'interdiction de l'exclusion basée sur le genre, l'ascendance intergénérationnelle, l'ethnie, etc. ;
- ✓ La sécurité : sécurité de l'occupation pour tous ;
- ✓ L'exercice du pouvoir d'expropriation : indemnisation rapide et appropriée, pas d'expulsion violente / processus négocié à favoriser ;
- ✓ La durabilité : utilisation de la terre en équilibrant les besoins sociaux, économiques et environnementaux ;
- ✓ La mise en place des systèmes de gestion foncière qui sont abordables et accessibles à tous, lesquels peuvent être maintenus et mis à jour au fil du temps
- ✓ La subsidiarité : décentralisation des centres de décision et de la gestion de l'information.[47]

---

[47] Module de présentation sur la transparence dans l'administration foncière, ONU HABITAT, atelier Nairobi East Afrique, Centre Géographique, Kasarani , 2016, page 8

§2. Considération des désidératas de la société civile par la CONAREF

L'ACEDH et d'autres acteurs de la société civile peuvent dire que la majeure partie des priorités de la société civile contenues dans les notes de plaidoyer étaient prises en compte, en conformité notamment avec les résultats du diagnostic, les études de référence et les consultations. Nous pouvons démontrer cette bonne prise en compte dans quelques outils de planification de la réforme et les contenus des livrables.

a. Elements et indices dans la programmation des activités de stabilisation du plan Pays à retenir

- ✓ Dans le document de programmation de la réforme foncière, les TDR et la feuille de route des actions à mener, l'on peut constater la référence sur des outils comme cahier des charges des communautés locales du Nord-Kivu, les rapports des consultations et le diagnostic.,
- ✓ La question environnementale est maintenue parmi les axes stratégiques de la réforme. C'est aussi une des préoccupations pour réformer la loi et adapter les pratiques et politiques sur les imparatifs environnementaux.
- ✓ Le résumé executif, le contexte, les résultats attendus et les justification des plans et des TDR ramassent les défis contenus dans les préoccupations de la société civie du Nord-Kivu, y compris les défis de la conservation et de la justice climatique.
- ✓ Le processus a été ouvert à tous et les documents de programmation et les TDR.

- ✓ Tous les chercheurs ont consulté les documents de la société civile et fait référence à ses ressources disponibles.
- ✓ La politique et l'avant-projet de loi rencontrent les préoccupations de la société civile du Nord-Kivu et les actes de consultations des leaders locaux.
- ✓ Les études et rapports ainsi que les demandes visent à actualiser la loi Bakajika ;

a. Mise en place des groupes thématiques pour la réforme

A l'atelier de la mise en place des groupes thématiques, la société civile du Nord-Kivu y était réprésentée par quatre oragnisations membres de CACO (FAT, AAP, PIDP et ACEDH) et l'UCBC comme partenaire de l'ONU-Habitat. Les délgués qui étaient à la fois membres du groupe des rapporteurs des travaux et certains membres de l'équipe scientifique des travaux. Il convient d'ajouter les aspects suivants :

- ✓ Approfondir les questions techniques qui s'inscrivent d'une manière générale dans la réforme foncière en cours et, plus spécialement, dans la formulation de la nouvelle politique nationale en matière foncière et de la loi qui en sera issue et formuler les recommandations nécessaires pour améliorer le processus ;
- ✓ Assurer la revue des livrables émanant des activités phares menées dans le cadre de ces programmes, tels qu'ils sont identifiés et expliqués notamment dans la Stratégie opérationnelle de mise en œuvre du programme d'appui à la réforme foncière et

dans d'autres documents structurants du processus de la réforme foncière, en discuter le contenu et les valider moyennant intégration des commentaires, observations et suggestions émanant des experts participants ;

- ✓ Discuter les notes d'analyse spécifique à chaque problématique proposée par les consultants recrutés ou par tout autre prestataire ;
- ✓ Procéder à une évaluation ex-ante des objectifs assignés à la politique foncière ;
- ✓ Discuter et approfondir toute autre question technique que le Coordonnateur du Secrétariat permanent pourra leur soumettre, en tenant compte des objectifs de la réforme foncière.

b. **Résultats planifiés des groupes thématiques et exigences de la société civile**

Faire un état des lieux de la situation actuelle, des thèmes de réflexion proposés et de la stratégie actuelle du gouvernement par rapport à chaque thème. Les états des lieux doivent notamment caractériser les tendances lourdes, suggérer une analyse prospective et les décisions à prendre pour atteindre les objectifs de la réforme foncière. A cette fin, les groupes thématiques pourraient, notamment :

- ✓ organiser les rencontres avec les institutions et personnes-clés ;
- ✓ consulter les rapports d'enquête / d'évaluation concernant la perception des élus et de la société civile sur les problèmes fonciers majeurs et leur solution ;

- ✓ consulter les autres plates-formes traitant des questions ayant un lien avec la réforme foncière ;
- ✓ dégager un consensus au niveau des groupes thématiques autour de la définition des concepts : politique foncière, tenure foncière, loi foncière, planification spatiale, aménagement du territoire et décentralisation de la gestion foncière ;
- ✓ dégager un consensus sur le niveau de responsabilités des institutions publiques impliquées dans la gestion du sol ;
- ✓ dégager un consensus sur la méthodologie pour dresser les états des lieux ;
- ✓ sur la base des états des lieux, assigner des objectifs généraux et spécifiques à la politique foncière nationale. Dans le contexte particulier de la RDC, la politique foncière est une réponse à quel(s) problème(s) ? A chaque problème, faire correspondre un objectif ;
- ✓ au regard des objectifs assignés, identifier les priorités et les interventions.[48]

Pour une bonne prise en compte des demandes de la société civile et la valorisation des avis et apports de la société civile et de la communauté locale (COLO) par la CONAREF, il est très important de restituer une des parties des TDR de la mise en place des groupes tématiques qui reprennent les demandes de la société civile afin de de faire sortir la déclinaison des matières.

---

[48] CONAREF : NOTE D'ORIENTATION POUR LA MISE EN PLACE ET LE DEROULEMENT DES TRAVAUX DES GROUPES THEMATIQUES, minaf, inedit, Page 1,

§3. Mise en place des groupes thématiques [49]

a. Groupe thématique sur la clarification de la tenure des terres, des outils de sécurisation foncière et de la gestion des conflits fonciers et immobiliers

Cette clarification comporte six aspects importants qui doivent être analysés et clarifiés par le Groupe, pour déboucher sur des options de réforme pertinentes à intégrer dans la nouvelle politique foncière et dans la nouvelle loi qui en découlera, à savoir :

- ✓ la reconnaissance des droits fonciers au profit des personnes et entités qui la revendiquent ;
- ✓ les options de formalisation des droits fonciers ainsi reconnus ;
- ✓ les mécanismes de transférabilité des droits fonciers ainsi reconnus ;
- ✓ les rapports entre les droits fonciers et autres prérogatives régaliennes de l'Etat et les droits fonciers coutumiers reconnus aux communautés locales (à clarifier, avec options à proposer) ;
- ✓ les rapports entre les terres urbaines et les terres rurales ainsi que la problématique d'extension des terres urbaines sur les terres rurales et ses implications (à clarifier, avec options à proposer) ;
- ✓ les articulations entre le régime foncier et le régime immobilier et, le cas échéant, la cohérence du régime des suretés actuel au regard des options retenues (à clarifier, avec options à proposer).

---

[49] Professeur Mugangu Matabaro : Module de présentation : Ces informations sont tirées des textes de présentations des termes de référence de la mise en place des groupes thétiques , atelier tenue à Kinshasa par la CONAREF et ONU HABITAT , page 2à 6

Pilier 4 : Groupe thématique concernant les stratégies de renforcement des capacités et de l'appui institutionnel à la CONAREF[50]

Selon la planification, ce groupe est en charge du suivi et de l'évaluation des activités structurantes de la CONAREF, telles que prévues dans le Programme d'appui à la réforme foncière, et de conseiller utilement, sur la base des informations recueillies, le coordonnateur de la CONAREF, dans le sens de rendre celle-ci institutionnellement et techniquement plus apte à porter et à conduire dans une perspective de long terme le processus de la réforme foncière et ainsi d'améliorer sa capacité de prise en charge de l'ensemble de ce processus. Ce groupe s'occupe également des aspects ci-après :

- ✓ Suivre la mise en œuvre des plans opérationnels, d'en évaluer les acquis, les contraintes et proposer les meilleures voies et orientations pour améliorer le processus de leur mise en œuvre ;
- ✓ Vérifier que tous les outils structurants de la CONAREF ont été produits et sont respectés dans le fonctionnement de celui-ci et, s'il y a lieu, suggérer les ajustements requis pour la rendre plus performante au regard de ses missions et objectifs;
- ✓ Examiner les termes de référence des réunions avec les partenaires techniques et financiers, discuter et proposer des améliorations, puis participer à ces réunions ; assurer le suivi de l'élaboration et de la mise en œuvre du plan programme d'information, d'éducation et de

---

50 50 Professeur Mugangu Matabaro : Module de présentation : Ces informations sont tirées des textes de présentations des termes de référence de la mise en place des groupes thétiques , atelier tenue à Kinshasa par la CONAREF et ONU HABITAT , page 2à 6

communication rattaché au processus de la réforme.

Pilier 5 : Groupe thématique relatif à l'administration foncière, aux aspects transversaux et à la coordination intersectorielle

Selon les termes des références, ce groupe devra proposer des options claires pour améliorer la performance des administrations et services fonciers, notamment en termes d'outils techniques dont ils doivent être équipés. Le document de politique devra indiquer la possibilité d'utilisation d'outils modernes suivants et déterminer, dans le cas échéant, les modalités de leur exploitation par les services administratifs fonciers : création des lotissements géo-référenciés, cartographie cadastrale numérique, référentiel géodésique, accès aux images satellitaires géoréférencées pour l'établissement, mise à jour permanente des opérations de cartographie et informatisation des administrations foncières, tant au niveau de la production de l'information foncière, de sa mise en réseau et de l'archivage.

Ce groupe est aussi chargé de réfléchir sur les possibilités de la réorganisation des compétences en matière de distribution des terres entre les trois échelons de la gouvernance foncière (central, provincial et local), en prenant en compte les nouvelles orientations nationales en matière de décentralisation ainsi que les options nouvellement levées dans la loi organique portant organisation et fonctionnement des services publics du pouvoir central, des provinces et des ETD de juillet 2016.[51]

[51] CONAREF : opp cite

Ce groupe devra également réfléchir sur la nécessité de déterminer les usages des terres qui doivent rester sous le régime de la loi foncière et dans le domaine des compétences du Ministère des affaires foncières, en tenant compte des usages des terres déjà pris en charge par les lois sectorielles susmentionnées et déjà attribuées aux autres ministères sectoriels.

Pilier 6 : Groupe thématique sur les questions émergentes, globales et stratégiques

Cette thématique intéressant les acteurs environnementaux a eu comme mission de réfléchir sur les problématiques émergentes ayant des incidences avérées sur la gestion de la terre. Ce groupe focalisera son attention sur les enjeux politiques de la réforme foncière et plus globalement sur l'avenir de la question foncière en RDC.

Au nombre de ces problématiques figurent notamment :

i) les questions environnementales, dont les migrations climatiques, les impacts des processus d'utilisation et d'exploitation foncières sur l'intégrité environnementale ;

ii) les conflits fonciers massifs de diverses natures ;

iii) les implications des accords internationaux ayant forte incidence sur le foncier, comme celui sur la libre circulation, droit de résidence et droit d'établissement dans la CEPGL ou la Communauté de l'Afrique de l'Est (CAE).

A propos du changement climatique, il est évident qu'il ne va pas épargner le continent africain en général et la RDC en particulier. Le progrès de la désertification, la salinisation des terres, l'apparition des réfugiés climatiques vont entrainer des mouvements des populations dont la destination naturelle risque d'être la RDC avec ses immenses ressources naturelles peu exploitées. Non seulement le groupe aura une attention soutenue pour ces évolutions, mais aussi elle mesurera l'impact des changements contemporains dans l'utilisation des terres et la ruée vers les ressources foncières qui s'en suit. Il proposera en conséquence les mesures d'atténuation et d'adaptation.

Il a été aussi indiqué que ce groupe se chargera ''in fine'' de l'articulation du Plan national d'investissement REDD+ avec la politique foncière en cours d'élaboration. Il pourra également inventorier les zones structurellement ou potentiellement instables et expliciter la place et le rôle des enjeux fonciers dans la production et la reproduction des crises. De même, ce groupe devra analyser les répercussions foncières des mouvements de population et plus globalement des dynamiques politiques et démographiques au niveau de l'Afrique des Grands Lacs. En fin de compte, il est chargé d'évaluer les accords régionaux et les instruments juridiques internationaux auxquels la RDC a adhéré quant à leur incidence prévisible sur le foncier et aux changements législatifs qu'ils imposent.[52]

Pilier 7 : Groupe thématique sur les enjeux économiques, la fiscalité et la parafiscalité foncières

Selon les termes de référence et les rapports de la CONAREF, ce groupe procédera à une évaluation du degré de valorisation des ressources foncières et de leur contribution au revenu national, et identifiera les principales limites rencontrées par les acteurs économiques et les opportunités. L'attention portera essentiellement sur :

- ✓ Les aspects démographiques et sociaux ;
- ✓ Les structures de production et les systèmes de production agricole ;

[52] CONAREF : OP cit page 2-à 3

- ✓ Le diagnostic de l'occupation spatiale ;
- ✓ La fiscalité et la parafiscalité foncières.

En ce qui concerne les aspects démographiques et sociaux, seront mises en évidence, d'une part, la répartition spatiale de la population et l'évolution de cette répartition ; et d'autre part, la structure démographique de la population (répartition ethnique, migrations temporaires et définitives, etc. S'agissant des structures de production, le groupe établira une typologie des exploitations agricoles et des rapports fonciers de la production, et évaluera le déploiement spatial des stratégies d'industrialisation.

Le diagnostic de l'occupation spatiale s'intéressera surtout à l'expansion urbaine et à l'affectation des espaces à la conservation.

Partant d'un certain nombre de constats, à savoir, la sous-utilisation des ressources foncières, la faible productivité de la terre et de la main d'œuvre agricoles, la marginalisation de la paysannerie au profit des élites politico-bureaucratiques, des bourgeoisies commerçantes et des parcs agro-industriels et la polarisation urbaine des stratégies de développement national, le groupe devra formuler des propositions permettant de (ré)mobiliser les ressources foncières pour résoudre lc problème de pauvreté de masse tant en milieu urbain qu'en milieu rural. Le groupe gardera constamment à l'esprit que près de 75% de la population congolaise trouvent ses moyens de subsistance dans l'agriculture, l'élevage et les activités connexes, c'est-à-dire le commerce ou la transformation des produits agricoles.

Au regard de cette réalité, l'option préférentielle des autorités congolaises pour les investissements fonciers à grande échelle pourrait a priori paraître déraisonnable. Elle ne devrait pas pour autant être écartée péremptoirement du débat sur la politique foncière.

S'agissant de la fiscalité foncière, le groupe devra réfléchir sur les options majeures devant orienter la mise en place d'une fiscalité et d'une parafiscalité foncières adaptées et d'un système d'évaluation et de taxation foncières ainsi que de collecte des recettes d'origine foncière, mieux assortis aux données spatiales cadastrales.

Ces options devront, à la suite de l'évaluation du système existant et des données disponibles, mettre l'accent sur la collaboration nécessaire entre les services publics fonciers, dont les compétences ont une incidence sur la performance du système de collecte des recettes fiscales et non fiscales d'origine foncière et les différents services publics en charge de la gestion des finances publiques. Une attention particulière devrait être accordée aux mécanismes à mettre en place pour garantir une disponibilité des ressources financières nécessaires au bon fonctionnement des services d'assiette, générateurs des recettes concernées.

En fin de compte, les directives à proposer devront intégrer l'organisation des mécanismes et modalités de répartition claire des compétences relatives aux recettes foncières entre les trois niveaux de gouvernance, en tenant compte des orientations déjà prises en matière de décentralisation administrative et territoriale.

Au-delà de sa contribution au revenu national, la fiscalité foncière devrait, dans la politique foncière nationale, s'inscrire dans une perspective de transformation des structures sociales et économiques du pays. A l'instar du Japon, sous le règne du Meiji, la fiscalité foncière pourrait servir à financer l'enracinement et la diversification de l'industrialisation en RDC. Ceci passera immanquablement par une déconstruction et une recomposition de l'ordre social existant tributaire des traditions et par une restructuration de l'ordre économique, spécialement des rapports fonciers de production. L'opportunité de la réforme foncière permet en effet de repenser et de mettre en place un nouvel ordre social fondé, non pas sur des référents idéologiques précoloniaux (au nom de la préservation des identités culturelles), mais sur l'équité, la justice sociale, le droit et la recherche de l'efficacité économique.[53]

§4. Reconnaissance des droits fonciers au profit des personnes et entités qui les revendiquent

Ce groupe thématique avait été ciblé comme important par les délégués du Nord-Kivu au regard des enjeux locaux, car les revendications s'articulent autour de la reconnaissance des droits fonciers et immobiliers au profit des personnes et entités suivantes :

- ✓ l'Etat congolais ;
- ✓ les communautés locales ;
- ✓ les personnes physiques congolaises ;
- ✓ les personnes physiques étrangères ;
- ✓ les personnes morales de droit public, nationales ou étrangères (établissements publics, agences de coopération, agences des Nations unies, missions diplomatiques ou ambassades, organisations internationales, etc.).
- ✓ les personnes morales de droit privé, nationales ou étrangères (sociétés commerciales, nationales ou étrangères, organisations non gouvernementales, nationales ou étrangères) ;
- ✓ les groupes sociaux victimes de dénis ou de restrictions des droits d'accès à la terre, catégorisés sous le

[53]CONAREF / Ministre des affaires foncière de la RDC ; une grande partie de Ce texte est tiré des TRD de la mise en place des groupes thématique et écrit comme tel sans aucune modification.

vocable de « populations sans terres », dont les peuples autochtones pygmées, les femmes et les enfants.

a. Options de formalisation des droits fonciers reconnus au profit des catégories susmentionnées (documentation et modalités de sécurisation) :

Dans la formalisation des droits fonciers reconnus aux différentes catégories de bénéficiaires susmentionnés, il faudra indiquer s'il faut un régime unique de sécurisation ou s'il y a lieu de créer une catégorisation des modalités de sécurisation, en fonction de chaque type de bénéficiaire ou s'il faut regrouper certains bénéficiaires autour d'un régime commun. En cas de régime unique, indiquer lequel, et en déterminer :

- i) le contenu ou le type ;
- ii) les étapes de formalisation, les actes générateurs éventuels et livrables correspondants ;
- iii) les institutions responsables et en préciser le niveau de gouvernance (central, provincial ou local) ;
- iv) la procédure et la durée ; et
- v) les sanctions respectives des cas de non-conformité.

En cas de nécessité d'avoir deux ou plusieurs régimes de sécurisations, il conviendra de les énumérer (par exemple concession foncière, propriété foncière, propriété coutumière, etc…) et en déterminer respectivement : i) le contenu ou le type ; ii) les étapes de formalisation, les actes générateurs éventuels et livrables correspondants ; iii) les institutions responsables et en préciser le niveau de gouvernance (central, provincial ou local) ; iv) la procédure et la durée.

En définitive, il faudra déterminer la nomenclature des droits réels à reconnaître en définitive et leurs contenus respectifs éventuels, à la lumière de l'expérience de la mise en œuvre de la nomenclature actuelle.

b. Mécanismes de transférabilité des droits reconnus

La question est de savoir si les droits reconnus sont transférables. Si non pour quelle raison ? Si oui, il faudra indiquer les modalités (support juridique des actes de transferts des droits, procédures retenues, services publics responsables et sanctions de non-conformité) de cette transférabilité et ses quels effets juridiques précis. Au cas où deux ou plusieurs régimes de formalisation sont retenus, il conviendra de préciser les modalités et les effets juridiques pour chacun.

c. Rapports entre les droits fonciers, les autres prérogatives régaliennes de l'Etat et des droits fonciers coutumiers reconnus aux communautés locales

Cette question est non seulement à remettre sur la table, mais elle requiert également une clarification à l'occasion de cette réforme. Si les bonnes questions sont posées, elles permettront d'éviter les malentendus qui ont rendu les terres congolaises moins attractives, infructueuses et un facteur des conflits. C'est ici que la problématique de la domanialité, son bien-fondé ou non, ses mérites et écueils, doivent être évoqués et analysés afin d'ouvrir les options les plus adéquates pour la réforme foncière. Il s'agira, le cas échéant, de discuter de la nature et de l'étendu des droits fonciers à reconnaître à l'Etat et aux communautés locales ainsi que du rôle et de la place des chefs traditionnels (coutumiers) dans la gouvernance foncière et les transactions y afférentes.

C'est également ici que doivent être abordées les revendications des personnes, entités et autres groupes sociaux informels qui se plaignent d'être victimes de dénis ou de restrictions des droits fonciers. Les réflexions devront se focaliser sur les termes de ces revendications au regard de la reconnaissance des droits fonciers et immobiliers, des modalités de leur sécurisation et des transactions y afférentes.

d. Rapports entre les terres urbaines et terres rurales

En partant des données du régime actuel, il s'agit ici d'étudier l'opportunité de fixer un régime juridique et institutionnel spécifique pour chacune des deux catégories, en partant de l'idée que toutes les terres rurales congolaises sont sous l'appropriation de fait des communautés locales.

Il est également question d'apprécier la nécessité ou non de mettre en place une procédure pour la création et l'extension des terres urbaines ou de villes, aujourd'hui sources d'insécurité pour l'identité et la sécurisation des droits fonciers issus des coutumes locales.

Section 2. Innovations inscrites dans les livrables de la réforme foncière

Les deux livrables et leurs annexes devant matérialiser la réforme foncière en RDC ont, d'une manière ou d'une autre, ramassé certaines préoccupations de la société civile et des communautés locales. D'ailleurs, les déclinaisons inscrites dans les documents de planification et d'exécution des activités dénotaient dejà des aspects plus innovants à saluer.

Au niveau de la politique foncière comme au niveau du projet de loi, des améliorations et adaptations articulées sur les aspects visant à corriger les injustices et erreurs du passé contre les communautés locales, le monde rural et l'environnement devront être apportées. Il est nécessaire de mettre en place des principes permettant de concilier le foncier du système de tenure des terres[54] et bien d'autres aspects très importants qui rencontrent non seulement les exigences de la société civile, des peuples autochtones, des communautés locales et de l'environnement mais aussi les évolutions technologiques.

La production de cette politique foncière en RDC en elle seule est une grande évolution et innovation dans les politiques centrées sur les ressources naturelles en RDC.

§1. Aperçu sur les innovations contenues dans le projet de loi

Le projet de loi modificatif de la loi n°73-021 du 20 juillet 1973 portant régime général des biens, régime foncier et immobilier et régime des sûretés, comporte 4 articles :

- ✓ l'article 1er concerne les dispositions modifiées et complétées ;
- ✓ l'article 2 se rapporte aux nouvelles dispositions insérées ;
- ✓ l'article 3 indique les dispositions abrogées ;
- ✓ l'article 4 se rapporte à l'entrée en fixant-vigueur.

Ce dispositif législatif contient les principales innovations qui sont inscrites dans la vision, les objectifs et les axes stratégiques du Document de politique foncière nationale. Il s'agit notamment de :

- ✓ La réécriture de certains articles pour besoin de précision et de cohérence ;
- ✓ La fixation des règles en matière d'élaboration et de mise en œuvre de la politique foncière nationale, du

[54] CONAREF : Document de politique foncière nationale de la RDC, Ministère des affaires foncières, page 8

plan foncier national et des stratégies provinciales et locales en matière foncière ;

- ✓La garantie de l'accès équitable à la terre pour tous, notamment pour des raisons de justice en matière foncière ;
- ✓L'élargissement des droits réels reconnus en droit congolais, qui devront comprendre désormais notamment les droits fonciers coutumiers ;
- ✓La détermination des règles qui régissent l'usufruit, l'usage et l'habitation ;
- ✓L'instauration d'un dispositif détaillé des servitudes foncières ;
- ✓L'interdiction de la prescription en matière foncière et immobilière et la clarification du régime des biens sans maître ;
- ✓La fixation de la limite de la superficie concessible en concession perpétuelle et en concession ordinaire ;
- ✓Le renforcement de l'interdiction des coutumes et usages qui restreignent l'accès des femmes, des jeunes et des mineurs à la terre ;
- ✓La clarification de différentes destinations des terres tout en précisant celles auxquelles s'applique la loi du 20 juillet 1973 telle que modifiée et complétée ;
- ✓La suppression des redevances en nature pour une concession foncière ;
- ✓L'exigence de conformité aux normes d'aménagement du territoire, urbanistiques et à celles relatives aux sauvegardes sociales et environnementales dans les processus d'affectation des terres ;
- ✓La précision de l'exigence de la régularité de l'établissement d'un certificat d'enregistrement pour

faire pleine foi de la concession, des charges réelles et, éventuellement, des droits de propriété qui y sont constatés ;

- ✓ La délimitation des espaces urbains et péri-urbains ;
- ✓ La mise à jour régulière de l'inventaire de tous les biens fonciers et immobiliers, y compris ceux des personnes publiques ;
- ✓ La reconnaissance et la consolidation des droits fonciers des groupes des personnes vulnérables ;
- ✓ La réorganisation des compétences entre les autorités nationales, provinciales et locales sur la gestion des terres et des services intervenant en matière foncière en tenant compte de l'ordre constitutionnel actuel et des exigences d'efficacité ;
- ✓ La consécration du principe de la participation informée des citoyens dans la gouvernance foncière ;
- ✓ Le renforcement de la protection des terres occupées par les communautés locales et peuples autochtones pygmées ainsi que des droits fonciers coutumiers s'y rapportant à travers :

- La délimitation des terres des communautés locales ;
- La prise en compte, dans leur étendue et diversité, des droits fondés sur des traditions ancestrales et des pratiques locales bien établies ;
- Le renforcement du dispositif juridique et institutionnel applicable aux terres des communautés locales comportant notamment la création d'un service foncier communautaire au niveau de chaque chefferie et secteur ;

- L'instauration d'un régime de protection spéciale des terres des peuples autochtones pygmées ;
- Le renforcement du droit d'accès à la terre par les femmes, les jeunes et les autres personnes vulnérables ;
- La sécurisation des droits fonciers coutumiers collectifs et individuels ;
- La reconnaissance aux chefs coutumiers du pouvoir de gestion des terres occupées par les communautés locales dans le respect de la loi, de l'édit et du règlement ;

✓ Le renforcement du système d'informations foncières facilitant le cadastrage des terres ;

✓ L'institution d'un système d'informations foncières intégré où sont documentés les enregistrements de tous les droits fonciers légitimes ;

✓ Le renforcement de la sécurité juridique des transactions foncières, aussi bien sur les terres urbaines que sur les terres rurales ;

✓ L'attribution et le renouvellement des concessions foncières en tenant compte des besoins présents et futurs des communautés locales et en associant ces communautés ;

✓ La protection des droits fonciers des déplacés, des réfugiés congolais et des retournés ;

✓ La fixation des conditions et de la procédure de désignation d'un conservateur des titres immobiliers et d'un chef de division du cadastre ;

✓ La responsabilité pénale et civile du conservateur des titres immobiliers, du chef de division du cadastre et des agents sous leur autorité pour toutes les fautes commises dans l'exercice de leurs fonctions ainsi que des agents du service foncier communautaire ;

✓ Le renforcement du dispositif répressif applicable aux infractions en matière foncière et immobilière en augmentant le volume des peines des servitudes pénales et des amendes et en consacrant des incriminations nouvelles ;

✓ L'actualisation des dénominations des entités, autorités et personnes ;

✓ La mise en place d'une commission chargée d'assurer la revue légale des concessions foncières pour prévenir désormais contre la thésaurisation des terres, accélérer le processus de leur régularisation ou annulation et planifier les nouvelles acquisitions ;

✓ Le recours aux nouvelles technologies de l'information et de la communication.[55]

§2. Pour une reforme des regimes fonciers applicables aux terres anthropo-centriques , pro-pauvres et favorables aux urgences climatiques

Le combat de la société civile a été d'une grande importance dans ce processus de la réforme foncière. Mais il faut constater que le schema reste long et mérite des efforts et une planification globale aux fins de parachaver le déploiement du cadre juridique et l'opérationalisation du cadre institutionel.

a. Elaboration d'un plan actualisé pour la sauvegarde des acquis de la réforme à la suite du processus politique

La socité civile du Nord-Kivu a eu le soutien de la CONAREF de sorte qu'une grande partie de besoins de la population a été retenue dans le document de politique foncière nationale et dans les autres livrables. Cependant, il

[55] Ministère des affaires foncières de la RDC : Projet de loi portant modification de la loi La loi n°73-021 du 20 juillet 1973 portant régime général des biens, régime foncier et immobilier et régime des sûretés, adopté en Conseil des Ministres, déposé à l'Assemblée Nationale, CONAREF, Page 4 -6,

faut savoir que le texte final de loi dépend plus du Parlement de la République.

Le risque de la politisation de la question foncière est grand. En effet, de nombreux parlementaires sont des concessionnaires et se sentent ménacés par la nouvelle législation. Si la société civile ne mène pas un grand travail de lobbying et plaidoyer au niveau du parlement et des des chefs des partis politiques, le projet de loi sera vidé d'élements importants. Ce qui ferait à ce que les efforts de plus de 10 ans se vident du fait des impératifs et considérations politiques.

La sauvegarde sociale, l'équité, l'urgence environnementale et la justice foncière exigent que des stratégies nouvelles collectives soient mises en ordre de bataille aux fins de sauvegarder les acquis issus des consultations et d'autres travaux de terrain. L'offre électorale des citoyens devra être considérée et conditionnée par la prise en compte des réformes juridiques et instititionnelles pro pauvres et sensibles à l'environnement.

L'actualisation du plan de plaidoyer, lobbying et d'influence sur les pratiques et politiques, en fonction de l'adaptation des défis et enjeux du Nord-Kivu, devra desormais faire l'object des consultations et travaux d'ajustement rapide.

La société civile doit mener son plaidoyer aux fins d'exiger la promulgation du document de politique foncière nationale par décret du Premier ministre dans le plus bref délai afin d'assurer le suivi de la prise en compte du contenu de projet de loi au parlement. Il faut aussi une approche de faire connaitre les grandes innovations de la loi et de la politique, en faire l'objet d'une pédagogie politique citoyenne pour que le peuple en fasse des exigences politiques à tous les niveaux et que les acteurs politiques en font leur agenda de campagne électorale.

b. Promouvoir un environnement juridique et social pour une gouvernance foncière plus responsable et durable

Le travail normatif en RDC devra être influencé en fonction des options de la politique foncière nationale. Les chartes foncières, les édits et les autres mécanismes législatifs doivent désormais avoir comme motivation de garantir des droits fonciers plus durables et plus sûrs, capables d'assurer le droit au logement, le droit à l'alimentation, la sécurité sociale et la croissance économique dans un contexte de lutte contre la pauvreté, et d'assurer la durablité des moyens d'existance et la justice climatique.

Les outils fonciers à implementer doivent s'aligner dans cette logique et des plans de programmation doivent s'articuler sur ces axes prioritaires afin de faire du foncier plus un bien accessible à tous pour assurer les droits de l'homme et mettre ce bien là au service du renforcement de la croissance économique et de la lutte contre la pauvreté dans un contexte de développement durable à la base.

Les pratiques foncières qui sont déjà prises en compte dans le document de politique foncière nationale et les orientations y afférentes doivent déjà faire l'objet des plans de travail en faveur de la promotion et de la production des normes.

c . Mener un plaidoyer pour le renforcement de la légitimité juridique et sociale sur le foncier

Bien que déjà pris en compte, les normes à élaborer pour parachever le cadre de la réforme doivent chaque fois tenir compte de la nécessité de renforcer les normes juridiques et les normes sociales. Ceci suppose que les actes à poser doivent écarter cette logique du juridisme innadapté aux réalités socio-athropologiques. Le droit écrit doit prendre en compte les pratiques sociales et coutumières qui favorisent une gouvernance responsable des régimes fonciers et le développement durable.

Les pratiques d'expulsions et d'évictions foncières et forstières des communautés locales au pretexte qu'ils n'ont pas des titres doivent cesser et des lois spécifiques limitant ces risques doivent être édictées aux fins de sécuriser le patrimoine foncier assis sur des droits non titrés mais légitimes. Il faut aussi adopter des politiques et réglementations qui donnent une garantie d'accès universel aux ressources foncières et qui favorisent les couches marginalisées. La société civile a une grande part de responsabilité et un rôle à jouer dans le renforcément de cette double légitimité et la sauvegarde sociale.

d. Accroitre la surveillance et le contrôle de l'action parlementaire, judiciaire et commerciale à incidence sur le foncier

Les organes délibérants nationaux, provinciaux et locaux ont un grand rôle à jouer dans le processus de production des normes et de formalisation des droits fonciers légitimes des gens. Ils peuvent aussi les freiner à tavers leur action législative ou réglémentaire si une surveillance citoyenne éclairée et soutenue n'est pas assurée par les acteurs pro pauvres et pro conservation de la nature. Il est donc indispensable d'assurer un suivi et un contrôle des actions des dits organes sur toute initiative qui peut impacter la gouvernance foncière. Ce contrôle est nécessaire dans le processus, avant, pendant et après l'adoption des livrables. Il doit être accompagné par des activités de diffusion des normes et documents produits.

La même démarche doit s'aligner sur l'action judiciaire et commerciale car il est bien connu que le juge dit le droit dans le contexte d'injustice et de corruption. Une telle justice est une brèche pour freiner les droits des plus pauvres et des faibles. C'est pourquoi dans le contexte du Nord-Kivu, la société civile doit veiller sur l'action judiciaire. La question de la marchandisation des droits fonciers et de la prolifération des intermédiaires dans les droits fonciers a renforcé l'insécurité et la fraude dans le secteur foncier. Cela ne facilite pas la restauration des droits et la justice contre les victimes. La société civile doit alors mettre son action au service des activités commerciales à destination du foncier et des aspects connexes. Le secteur commercial applicable aux immobliers, à l'énergie, aux activités de pêche et d'élevages ainsi que de l'agriculture sont des nouveaux sous-secteurs importants à surveiller et à contrôler pour assurer la protection des droits ruraux et urbians. Les actions portées sur les transactions bancaires et les immobliers et leur incidence sur les droits fonciers doivent être contrôlées. Il faudrait en sortir des propositions claires en termes d'options complémentaires à la réforme dans le secteur commercial, de crédit et de banque.

L'autre manche de question sur la justice, c'est la valorisation des normes et la vérification de la constitutionalité des normes issues de l'action parlementaire locale. La justice aura un grand pouvoir dans la protection des textes ou leur annulation dans la logique de vérification de la conformité à la constitutionalité. La société civile doit déjà préparer la justice à comprendre le processus de la réforme, les normes et politiques produites, les finalités et les contours juridiques motivateurs. L'engagement judiciaire dans le processus de la réforme est une clé de route pour le présent et lefutur dans la réparation des injustices et erreurs du passé.

e. Examiner la possibilité de superposer un observatoire pour la production des normes et pratiques sociales, environnementales et entrepreunariales sur le foncier

Au-delà de la volonté législative consacrée par la loi sur les principes fondamentaux portant protection de l'environnement et la loi sur l'agriculture, sans chercher à provoquer une inflation des normes et institutions, il y a lieu, au niveau de la société civile et des communautés locales, de mettre sur pied un mouvement observatoire libre autour des initatives de la production des normes et pratiques sociales, environnementales et entrepreneuriales dans l'action foncière. Cet observatoire pourra être un organisme de monitoring qui pourra contribuer à alimenter les actions de la feuille de route sans nécessairement rester dans ses limites. La société civile et les communautés locales peuvent même proposer des activités emergentes autres que celles préalablement arrêtées dans la feuille de route si ces activités peuvent aider à produire les normes nécessaires et adaptées aux besoins du moment. L'observateur en question pourra aussi donner des informations sur la situation des défenseurs des droits fonciers, l'interaction opérationelle des autres actions locales sur le foncier et les incidences pratiques .

f. Accompagner et acceler le processus provincial de la réforme foncière

Le lancement du processus provincial via le P3-FAT est une demarche importante pour le Nord-Kivu car elle s'aligne sur la demarche nationale de la réforme foncière qui a été largement portée par le Nord-Kivu. Il est important que l'initative évolue en s'inspirant des étapes et pratiques qu'on a suivies dans le processus national. Tous les partenaires intervenant devraient être sensiblisés pour s'inscrire dans le cadre programmatique. De même, les animateurs du processus devraient s'activer pour documenter les valeurs, principes et directives mis en place au niveau national qui ont conduit à un large conscensus. La société civile doit accompagner et pousser pour que ce processus soit accéleré au niveau de la production des livrables. Les ressources scientifiques et techniques héritées de la réforrme nationale doivent être mises à contribution à cet effet et les actions locales ménées doivent être documentées et faire l'objet d'inspiration dans les spécificités provinciales selon les territoires.

i. Prendrer les mesures nécessaires en vue de protéger les archives des travaux préparatoires et la mémoire institutionnelle de la CONAREF en vue d'influencer les autres secteurs

La société civile du Nord-Kivu doit avoir un plan de capitalisation et de conservation des acquis de la reforme nationale. Le processus national a été largement salué et acceptée par la grande partie, si pas la totalité, des acteurs intervenants sur le foncier. Des ressources humaines aux valeurs scientifiques riches et humbles ont été mises à contribution par la CONAREF. Ces ressources ont produit des outils qui doivent être de référentiels et sont d'une utilité capitale dans l'accompagnement de l'action provinciale. Les autres secteurs à développer autour du foncier doivent faire recours à ces ressources aux fins d'évoluer avec une logique verticale et horizontale cordonnée sur l'action foncière provinciale. Des travaux paritaires entre la coordination provinciale de la CONAREF et la CONAREF nationale, les groupes thématiques et les groupes d'experts devraient être capitalisés.

CONCLUSION

La Société Civile du Nord Kivu joué un rôle important dans le processus de la réforme foncière en RD Congo. Des structures paysannes, des acteurs de la société civile, des Avocats, activistes de l'environnement et bien d'autres initiatives citoyennes du Nord Kivu ont mis en place des initiatives pour résoudre les conflits fonciers, mener des études, mener des concertations, consultation, mobilisation, lobbying et plaidoyer pour une gestion foncière responsable, durable, transparente et participative. De ces initiatives foncières intégrées à d'autres questions connexes à incidence sur le foncier ont été développées et ces initiatives ont facilité la maîtrise des enjeux problèmes justificatifs motivant la réforme en RDC. Les concepts devenus des options de la politique foncière et qui inspirent le projet de loi modificatif de la loi foncière en RDC, ont été tirés dans les cahiers de charges, demandes, pétitions, débats et autres apports de la société civile du Nord Kivu en grande partie. Des aspects comme droits fonciers des communautés locales, droits fonciers des peuples autochtones, participation de l'autorité coutumière, les édits fonciers, les respects de la sauvegarde sociale et impératifs climatique, valorisation des modes alternatives de résolution des conflits fonciers …. Sont des concepts que la société civile du Nord Kivu a portés durant des années dans les activités de la réforme foncière. Plus de trois documents en formats des notes de position, cahier des charges, note de politiques ont été adressées à la commission nationale de la réforme foncière. L'initiative CACO a proposé plusieurs documents en vue d'influencer, faire participer le public au processus de la réforme. Au niveau provincial, la Société civile du Nord Kivu a été la première influencée et accompagné les autorités a élaboré un document des politiques publiques provinciales foncières et d'aménagement du territoire P3-FAT. Le travail de lobby, plaidoyer, consultation sociale, participation citoyenne et échange d'expérience ont été très capital pour faire avancer, justifier la nécessité et l'urgence de la réforme foncière. Des livrables importants ont été trouvé et dans ces livrables les grandes idées de la société civile, des communautés locales, chefs coutumiers ont été intégrés dans la politique foncière, les documents de programmation, les édits types, le projet de loi. La société civile a fait donc un bon travail et a été dans ce processus une des actrices majeures pour connecter les processus juridiques aux besoins et réalités de la base.

Cette étude a clarifié les motivations de l'engagement de la société civile du Nord-Kivu dans le processus de la réforme foncière en RDC. Elle a retracé les actions qu'elle a eu à mener et leur prise en considération par la CONAREF.

Les causes profondes et les conséquences de la mauvaise gouvernance foncière, les grandes tensions foncières, les motivations des acteurs locaux et les grandes idées en proposition face aux problèmes et les activités visant à renforcer la décentralisation foncière et transparence ont été abordées.

Il s'agit d'une démarche citoyenne fondée sur le souci d'apporter une contribution visant à améliorer la gouvernance foncière, réduire les conflits, contribuer à faire du foncier un moteur de croissance économique, de sécurité alimentaire, de réduction de la pauvreté, de stabilité sociale et de l'habitat dans un contexte d'urgence climatique et d'une vision d'accès sécurisé pour tous au foncier. Des options ont été données à la CONAREF via des propositions écrites après plusieurs consultations populaires validées par les acteurs. Bien d'autres actes avaient été posés par la société civile avant le lancement du processus officiel. Ses activités ont donné lieu à des recommandations incitatives en faveur de la réforme foncière. Le succès de la société civile est que l'option de la nécessité de la réforme a été acceptée par l'autorité avec pour finalité de revisiter la loi n°73-021 du 20 juillet 1973 portant régime général des biens, régime foncier et immobilier et régime des sûretés, telle que modifiée et complétée à ce jour, d'élaborer la politique nationale foncière et de mettre en place des normes et institutions nouvelles adaptées aux demandes citoyennes en vue d'améliorer la gouvernance des régimes fonciers. Cette réussite doit être archivée, préservée et réservée pour d'autres recommandations incitatives présentes et futures.

L'ouvrage donne aussi des pistes pour l'avenir en vue de sauvegarder l'héritage de la réforme et la capitaliser au niveau provincial tout en tenant compte de l'existant et de la nécessité d'intégrer les innovations de la réforme foncière dans un plan de priorisation et de diffusion par les médias et les autres canaux de communication et de télécommunication. Les propositions complémentaires à ladite réforme sont entre autres :

- ✓ Promouvoir un environnement juridique et social pour une gouvernance foncière plus responsable et durable selon les axes du document de politique foncière nationale ;
- ✓ Mener un plaidoyer pour le renforcement de la légitimité juridique et sociale sur le foncier ;
- ✓ Accroitre la surveillance et le contrôle de l'action parlementaire, judiciaire et commerciale à incidence sur le foncier en RDC ;
- ✓ Examiner la possibilité de superposer un observatoire de la production des normes et pratiques sociales, environnementales et entrepreunariales sur le foncier et sur la feuille de route du P3-FAT ;
- ✓ Accompagner et accélerer le processus provincial de la réforme foncière sur la bse du DPFN ;

- ✓ Prendre les mesures nécessaires en vue de protéger l'archive des travaux préparatoires et la mémoire institutionnelle de la CONAREF en vue d'influencer les autres secteurs.
- ✓ Les innovations à capitaliser et à contenir dans un plan de communication en faveur du projet de loi issu du DPNF et compte tenu des demandes sociales sont entre autres :
- ✓ La réécriture de certains articles pour besoin de précision et de cohérence ;
- ✓ La fixation des règles en matière d'élaboration et de mise en œuvre de la politique foncière nationale, du plan foncier national et des stratégies provinciales et locales en matière foncière ;
- ✓ La garantie de l'accès équitable à la terre pour tous notamment pour des raisons de justice en matière foncière ;
- ✓ L'élargissement des droits réels reconnus en droit congolais, qui comprennent désormais les droits fonciers coutumiers ;
- ✓ La détermination des règles qui régissent l'usufruit, l'usage ct l'habitation ;
- ✓ L'instauration d'un dispositif détaillé des servitudes foncières ;
- ✓ L'interdiction de la prescription en matière foncière et immobilière et la clarification du régime des biens sans maître ;
- ✓ La fixation de la limite de la superficie concessible en concession perpétuelle et en concession ordinaire ;

- ✓ Le renforcement de l'interdiction des coutumes et usages qui restreignent l'accès des femmes, des jeunes et des mineurs à la terre ;
- ✓ La clarification de différentes destinations des terres tout en précisant celles auxquelles s'applique la Loi du 20 juillet 1973 telle que modifiée et complétée ;
- ✓ La suppression des redevances en nature pour une concession foncière ;
- ✓ L'exigence de conformité aux normes d'aménagement du territoire, urbanistiques et à celles relative aux sauvegardes sociales et environnementales dans les processus d'affectation des terres ;
- ✓ La précision de l'exigence de la régularité de l'établissement d'un certificat d'enregistrement pour faire pleine foi de la concession, des charges réelles et, éventuellement, des droits de propriété qui y sont constatés ;
- ✓ La délimitation des espaces urbains et péri-urbains ;
- ✓ La mise à jour régulière de l'inventaire de tous les biens fonciers et immobiliers, y compris ceux des personnes publiques ;
- ✓ La reconnaissance et la consolidation des droits fonciers des groupes des personnes vulnérables ;
- ✓ La réorganisation des compétences entre les autorités nationales, provinciales et locales sur la gestion des terres et des services intervenant en matière foncière en tenant compte de l'ordre constitutionnel actuel et des exigences d'efficacité ;

- ✓ La consécration du principe de la participation informée des citoyens dans la gouvernance foncière ;
- ✓ Le renforcement de la protection des terres occupées par les communautés locales et les peuples autochtones pygmées ainsi que des droits fonciers coutumiers s'y rapportant à travers :

- La délimitation des terres des communautés locales ;
- La prise en compte, dans leur étendue et diversité, des droits fondés sur des traditions ancestrales et des pratiques locales bien établies ;
- Le renforcement du dispositif juridique et institutionnel applicable aux terres des communautés locales comportant notamment la création d'un service foncier communautaire au niveau de chaque chefferie et secteur ;
- L'instauration d'un régime de protection spéciale des terres des peuples autochtones pygmées ;
- Le renforcement du droit d'accès à la terre par les femmes, les jeunes et les autres personnes vulnérables ;
- La sécurisation des droits fonciers coutumiers collectifs et individuels ;
- La reconnaissance aux chefs coutumiers du pouvoir de gestion des terres occupées par les communautés locales dans le respect de la loi, de l'édit et du règlement ;

✓ Le renforcement du système d'informations foncières facilitant le cadastrage des terres ;

- ✓ L'institution d'un système d'informations foncières intégré où sont documentés les enregistrements de tous les droits fonciers légitimes ;
- ✓ Le renforcement de la sécurité juridique des transactions foncières, aussi bien sur les terres urbaines que sur les terres rurales ;
- ✓ L'attribution et le renouvellement des concessions foncières en tenant compte des besoins présents et futurs des communautés locales et en associant ces communautés ;
- ✓ La protection des droits fonciers des déplacés, des réfugiés congolais et des retournés ;
- ✓ La fixation des conditions et de la procédure de désignation d'un conservateur des titres immobiliers et d'un chef de Division du cadastre ;
- ✓ La responsabilité pénale et civile du conservateur des titres immobiliers, du chef de Division du cadastre et des agents sous leur autorité pour toutes les fautes commises dans l'exercice de leurs fonctions ainsi que des agents du service foncier communautaire ;
- ✓ Le renforcement du dispositif répressif applicable aux infractions en matière foncière et immobilière en augmentant le volume des peines des servitudes pénales et des amendes et en consacrant des incriminations nouvelles ;
- ✓ L'actualisation des dénominations des entités, autorités et personnes ;
- ✓ La mise en place d'une commission chargée d'assurer la revue légale des concessions foncières pour prévenir désormais contre la thésaurisation des terres, accélérer le processus de leur régularisation ou annulation et planifier les nouvelles acquisitions ;

- ✓ Le recours aux nouvelles technologies de l'information et de la communication.[56]

[56] CONAREF : idem

BIBLIOGRAPHIE

Professeur Séverin Mugangu, Bertin Mafine, Alain Huart : Document de programmation version 1, UNU HABITAT, MINIF, MINISTRERE DES AFFAIRES FONCIERES 2012, Page de garde, Document a été réalisé avec l'appui technique de UN Habitat/GLTN et la contribution de CODELT, de la FIG, et de personnes ressources nationales

[2] Enoncer l'article ici

[3] idem

[4] Idem

[5]ONU HABIAT : Note sur les conflits fonciers complexes dans la zone prioritaire autour de Kitshanga, 2018, programme ISSS, page 1

[6] Professeur SEVERIN MUGANFU MATABARo : Présentation au Sujet de la Problématique Foncière en RDC, Atelier inter provincial de Bukavu , 2017, inedit

[7] ACEDH : demande d'urgence d'une commission d'enquête sur les harcèlements judiciaires et policiers contre des défenseurs paysans des droits fonciers et de l'environnement membres du comité des anciens ouvriers des plantations SICIA Lubonga AXE Kitshanga : l'Etat Congolais est responsable à travers sa justice , note adressée au Ministre de la justice et garde des sceaux , 2 juillet 2022, in Radio Okapi

[8] ACEDH : rapport de l'atelier des acteurs de la société civile, agents de l'administration foncière

[9]Prof Severin MUGANGU MATABARO : Présentation de la note méthodologique sur la mise en place des groupes thématiques, kin 2017, Hôtel Beatrice, inédit

[10] ONU HABITA, coordination foncière Nord-Kivu : Fichier des intervenants dans le secteur foncier en province du Nord-Kivu

[11] Ministère des affaires foncières et notes des échanges avec le Professeurs Mugangu sur l'évolution de la gouvernance foncière en RDC et les enjeux politiques, notes prises lors des études foncières en Ituri, Prof Mugangu Matabaro Severin : Note d'orientation et Note méthodologique de la recherche sur le même sujet voir in https://cadastre.gouv.cd/historique-du-ministere/

[12] NKULU KILUMBA BOSHWAA,« Perception et enjeux du découpage territorial en République Démocratique du Congo. Cas de la Province de Haut –LOMAMI », *Librairie Africaine d'Etudes Juridiques* 2015, p.555.

[13] FAT : Etude sur la Problématique Foncière au Nord-Kivu, RDC, Coordonnée par le Comité Catholique contre la faim et le développement, Janvier 2010, Page 12-- 15

[14] FAT : opp cit Page 13

[15] Idem Page 14

[16] CENCO : Communiqué de presse : appel à la Mobilisation contre la Balkanisation du Congo, les évêques de la République Démocratique du Congo

[17] Olivier Ndoole : Notes de présentations de l'atelier Conférence sur la Problématique foncière en RDC dans le paysage Virunga, Conférence publique avec les étudiants, inédit, 2020, USA, Oregon university

[18] Notes des entretiens avec les acteurs à Watalinga, Baswagha, Beni, Masisi, collection des idées citoyennes sur la gouvernance formelle et informelle du foncier, 2019, témoignages, sondages et entretiens.

[19] Dossier arrestation par le Paquet Génal du Nord-Kivu de la Juge Madame KAPINGA, pour faux et usage des faux et autres faits pour avoir, après corruption, falsifiéun jugement dans une affaire foncière FEPACO NZAMBE MALUMU (MALAMU peut être), elle avait imité les signatures des membres de la composition.

[20] https://www.radiookapi.net/2022/05/11/actualite/justice/goma-lacedh-denonce-la-detention-illegale-de-5-paysans-la-prison , http://www.radiomoto.net/2022/04/28/problematique-dacces-a-

la-terre-a-masisi-entre-agriculteurs-et-concessionnaires-qui-en-paie-le-prix/

[21] Radio Okapi : Nord-Kivu : spoliation du parc des Virunga à Nzulo, les ONG de protection de l'environnement saluent la décision du gouverneur en faveur du parc https://www.radiookapi.net/2022/03/24/actualite/societe/nord-kivu-spoliation-du-parc-des-virunga-nzulo-les-ong-de-protection-de

[22] Société Civile de Nyaragongo, Communiqué de presse : dossier spoliation du pâturage communautaire KIBAYA dans le Nyiragongo par le chef Déo Makombe

[23] https://lepotentiel.cd/2023/05/03/goma-le-gouverneur-militaire-sen-va-en-guerre-contre-la-spoliation-du-patrimoine-de-letat/

[24] ACEDH : Plainte contre la République Démocratique du Congo et Deo Makombe sur le dossier KIBAYA adressée à la commission nationale des droits de l'homme de la RDC

[25] https://foxtimes.cd/publications/7442-nord-kivu-spoliation-des-parcelles-de-l-etat-a-goma-le-gouverneur-constant-ndima-tape-du-poing-sur-la-table-document-,

[26] Radio Okapi : https://www.radiookapi.net/2023/05/04/actualite/politique/goma-le-gouverneur-de-province-cree-une-commission-denquete-sur-les

[26] RDC, Ministère des affaires Foncière de la République démocratique du Congo : Document de Programmation de la réforme foncière, version mise à jour en 2017, CONAREF, Page 3

[27] MINISTRE DE AFFAIRES FONCIERES : Termes de référence de l'atelier d'élaboration des termes de références et documents de programmation de la réforme foncière, CONAREF, 2017, atelier Béatrice Hôtel

[28] Prof Mugangu Matabaro Severin : Notes de présentation Exposé de l'atelier national de Consultation sur la réforme foncière, Inedit

[29] CONAREF : Note d'orientation pour la mise en place et déroulement des travaux des groupes thématiques en RDC, avec

l'appui GLTN, ONU-HABITAT, ministère des affaires foncières de la RDC, 2018 Page 3

[30] Idées rassemblées à la suite des échanges et discussions dans les réunions préparatoires de stratégie de mise en commun des efforts lors des étaliers à Kinshasa et Bukavu entre les acteurs impliqués sur différentes formes d'intérêts fonciers (environnement, PA, petits exploitants agricoles, femmes, jeunes, résolution des conflits, stabilisations, judiciaires) sous la direction du CACO Nord-Kivu ……

[31] P*ar les ONGS membres de la coordination provinciale de CACO-Nord-Kivu : AAP, FAT et PIDP :* CAHIER DE CHARGES HARMONISE DES COMMUNAUTES DU NORD - KIVU SUR LE PROCESSUS DE LA REFORME FONCIERE EN RD CONGO, juin 2016,

[32] *Note Importante : Source de ces informations et les auteurs (ces informations sont tirées du cahier de recherche des communautés locales du Nord-Kivu dans un livret publié par AAP) produit des consultations menées par FAT, AAP et PIDP et validés par les délégués multi acteurs au Nord-Kivu*

[33] Rédigé et présenté par ACEDH, les avocats verts et autres acteurs impactant la gouvernance foncière : Note de position des acteurs et communautés locales impliqués et intéressées sur la question de la Gouvernance et gestion foncière en RDC Nord-Kivu / Paysage Virunga : Non à l'hypocrisie législative et une loi inique, oui à une loi adaptée aux aspects émergents, urgence climatique et les pratiques foncières et réalités sociales, Page 1, ACEDH, 2019

[41] CONAREF : Document de politique foncière de la RDC, 2021 versions finales.

[42] Nord-Kivu : Pan Provincial des politiques publiques foncières et aménagement du territoire

[43] ONU-HABITAT : Programme ISSS : Njia ya Makubaliano , Rapport des activités des intervenants dans la Zone de stabilité de Kitshanga , 2019 ? PAGE é

[44] COSMAS MUNGAZI : Crédit et Troc foncier : les anciens ouvriers salut le projet, in Flambeau de l'Est , Page 1, 2021

[45] Source : (feuille de route CP CONAREF : coordination provinciale de la commission nationale de la réforme foncière)

[46] ONU HABITAT : Offre d'emploi recrutement des animateurs fonciers basés à Kitshanga 2009, page 1 ? offre publié par UN HABITAT

[47] AAP : Rapport de l'atelier sur la problématique foncière, tenue à Goma, inedit, 2008, page 2

[48] Christol Paluku Mastaki et Consort : Etude Juridique sur le foncier , 2008, AAP, Page 5

[49] ACEDH : Rapport atelier sur la transparence dans la gouvernance foncière, lutte contre les crimes environnementaux dans le Paysage Virunga en faveur de la société civile, Magistrats, agents de l'administration foncière, Goma, Bakanja, 2017, page 5

[50] Module de présentation sur la transparence dans l'administration foncière, ONU HABITAT, atelier Nairobi East Afrique, Centre Géographique, Kasarani , 2016, page 8

[51] CONAREF : NOTE D'ORIENTATION POUR LA MISE EN PLACE ET LE DEROULEMENT DES TRAVAUX DES GROUPES THEMATIQUES, minaf, inedit, Page 1,

[52] Professeur Mugangu Matabaro : Module de présentation : Ces informations sont tirées des textes de présentations des termes de référence de la mise en place des groupes thématiques, atelier tenue à Kinshasa par la CONAREF et ONU HABITAT, page 2à 6

[53] Professeur Mugangu Matabaro : Module de présentation : Ces informations sont tirées des textes de présentations des termes de référence de la mise en place des groupes thématiques, atelier tenue à Kinshasa par la CONAREF et ONU HABITAT, page 2à 6

[54] CONAREF : opp cite

[55] CONAREF : OP cit page 2-à 3

[56]CONAREF / Ministre des affaires foncière de la RDC ; une grande partie de Ce texte est tiré des TRD de la mise en place des groupes thématique et écrit comme tel sans aucune modification.

[57] CONAREF : Document de politique foncière nationale de la RDC, Ministère des affaires foncières, page 8

[58] Ministère des affaires foncières de la RDC : Projet de loi portant modification de la loi La loi n°73-021 du 20 juillet 1973 portant régime général des biens, régime foncier et immobilier et régime des sûretés, adopté en Conseil des Ministres, déposé à l'Assemblée Nationale, CONAREF, Page 4 -6,

Table des matières

Structures éditoriales du groupe L'Harmattan

L'Harmattan Italie
Via degli Artisti, 15
10124 Torino
harmattan.italia@gmail.com

L'Harmattan Hongrie
Kossuth l. u. 14-16.
1053 Budapest
harmattan@harmattan.hu

L'Harmattan Sénégal
10 VDN SICAP AMITIE 3
BP 45034 Dakar-Fann
direction@senharmattan.com

L'Harmattan Cameroun
Tsinga/Derrière polyclinique FECAFOOT
BP 11486 Yaoundé
Jacques.koukam@harmattan.fr

L'Harmattan Burkina Faso
Villa 281, secteur 23 623, rue 14.32
Ouagadougou
zagbie@outlook.fr

L'Harmattan Guinée
Almamya, rue KA 028 OKB Agency
BP 3470 Conakry
harmattanguinee@yahoo.fr

L'Harmattan RDC
185, avenue Nyangwe
Commune de Lingwala – Kinshasa
matangilamusadila@yahoo.fr

L'Harmattan Congo
219, avenue Nelson Mandela
BP 2874 Brazzaville
deunovmikhael@gmail.com

L'Harmattan Mali
Immeuble Mgr Jean Marie Cissé
Aci Hamadallaye
BP 145 Bamako
syllaka@yahoo.fr

L'Harmattan Togo
Djidjole – Maison Amela
face EPP BATOME
02 BP 20680 Lomé
didieramela11@gmail.com

L'Harmattan Côte d'Ivoire
Résidence Karl – Cité des Arts
Abidjan-Cocody
03 BP 1588 Abidjan
harmattan.ivoire@gmail.com

L'Harmattan Bénin
Rue 604, (Immeuble à l'entrée
de la rue UCAO- Cite de Saint-Jean)
Cotonou
stepcorpus@gmail.com

Nos librairies en France

Librairie internationale
16, rue des Écoles
75005 Paris
librairie.internationale@harmattan.fr
01 40 46 79 11
www.librairieharmattan.com

Librairie des savoirs
21, rue des Écoles
75005 Paris
librairie.sh@harmattan.fr
01 46 34 13 71
www.librairieharmattansh.com

www.ingramcontent.com/pod-product-compliance
Lightning Source LLC
LaVergne TN
LVHW021207061026
849535LV00008B/2618
9782336528526